Samira
des Quatre-Routes

Castor Poche
Collection animée par
François Faucher et Martine Lang

À Guillaume et à Hélène

Une production de l'Atelier du Père Castor

JEANNE BENAMEUR

Samira des Quatre-Routes

illustrations de
CATHERINE LACHAUD

Castor Poche Flammarion

Jeanne Benameur, l'auteur, est née en 1952 dans une petite ville d'Algérie. Elle a vécu son enfance à La Rochelle dont elle a gardé le goût des bateaux et de l'univers marin. Elle vit maintenant à Paris où elle consacre l'essentiel de son temps à l'écriture : théâtre, poésie, roman, nouvelle. C'est la parole poétique qui anime son travail.

Samira des Quatre-Routes est son premier roman pour la jeunesse. Guillaume, son fils, et Hélène, âgés respectivement de treize et douze ans, ont suivi l'histoire chapitre par chapitre. Leur écho attentif et critique a été précieux tout au long du travail. Elle les en remercie.

« Ce qui m'a poussée à écrire ce roman, c'est la conscience que j'ai prise de l'aggravation du problème posé par la double culture, aggravation très lourde pour les filles en particulier, en milieu maghrébin. Née de parents d'origine étrangère, je suis d'autant plus sensible à cette question. La famille de mon père vient de Sfax (en Tunisie) ; celle de ma mère, de Venise.

« J'ai eu la chance d'être élevée dans un milieu ouvert où se côtoyaient cultures et religions différentes, dans la tolérance. C'est sans doute ce qui a fait *Samira*. »

Catherine Lachaud, l'illustratrice, est née à Limoges en 1950.

« J'ai toujours eu besoin de papier pour dessiner et de livres pour lire. J'illustre des journaux et des textes pour enfants depuis bientôt dix ans. Bien que vivant beaucoup à Paris, je garde pour mon Limousin natal, dont je parcours en été champs et bois avec mes deux fils collectionneurs d'insectes, un grand attachement. »

Samira des Quatre-Routes :

Samira a treize ans. Elle est arabe et vit en banlieue parisienne. Dans sa famille, on ne se préoccupe plus que du mariage de sa grande sœur, Fatima. Mariage traditionnel avec Kaddour, qui enseigne l'arabe aux enfants de la cité des Quatre-Routes.

Samira, elle, se retrouve isolée.

Dans son désir d'apprendre et de devenir une femme libre. Dans son intérêt pour les événements qui bousculent le monde. Dans son amour pour François, un garçon de sa classe, traumatisé par l'agression d'un groupe d'extrémistes, à la suite des manifestations lycéennes.

C'est en aidant son ami qu'elle découvrira son propre chemin. Elle rencontrera dans cette expérience un autre univers, celui de la mère de François, peintre. Elle rencontrera aussi l'amitié et comprendra que les portes que l'on croyait fermées peuvent toujours s'ouvrir.

PRIX PEEP 1993

Chapitre 1

– Regarde, Samira ! Mais regarde donc ! C'est Éric Rodier !

Fatima s'est levée d'un bond. Elle a laissé tomber par terre son éternel travail de broderie, au risque qu'il se salisse. Elle crie à ameuter toute la famille :

– C'est Éric Rodier, je vous dis ! C'est lui !

C'est vrai que c'est lui, là, sur l'écran de la télévision. Je l'ai reconnu tout de suite, le frère de François, mais moi, je ne crie pas.

– Eh bien ! a lancé ma mère avec un gros soupir, si c'est ça le fils des Rotier, c'est pas joli !

– Pas Rotier, j'ai murmuré, RoDier. Rodier...

Moi, Rodier, c'est un nom que j'aime prononcer, que j'aime entendre, que j'aime.

Aux infos, on voit maintenant les CRS qui gardent le pont de l'Alma. La manif des lycéens a été bouleversée par la violence ? Je sais que ceux du lycée des Quatre-Routes y sont allés. Mais pas Fatima. Moi encore moins, parce que je ne suis qu'en 5e, que je suis une fille, et que, de toute façon, mon père l'aurait interdit.

Un présentateur s'acharne à faire parler Éric mais on comprend mal ce qu'il dit. Il y a trop de cris autour, et comme des bruits d'explosion. On dirait la guerre. Son grand foulard noir et blanc a glissé sur sa poitrine. Il n'a pas fait un geste pour le remonter. Comme un prince, il parle à visage découvert. Demain, on reconnaîtra dans toute la Cité « Le Casseur » qui a osé se montrer. Demain, la police aussi le reconnaîtra, comme Fatima qui continue à jubiler comme si elle était devant une vedette de feuilleton télé.

C'est mon père qui est rentré le dernier dans la pièce. Il a dit :

– Vous le connaissez ?

Et déjà, dans sa voix, il y avait le silence.

– Mais oui, a repris tout excitée cette idiote de Fatima – je l'aurais tuée ! –, bien sûr qu'on le connaît ! Il est au lycée avec moi. Pas dans la même classe mais on se croise tous les jours, et même, son frère est dans la même classe que Samira !

– Que je ne vous voie jamais lui adresser la parole ! Ni à quelqu'un de sa famille ! Éteins-moi ça ! a-t-il ajouté à ma mère.

Ma mère a fait vite. Toute la pièce est tombée dans le silence. Je le savais, que ça se terminerait comme ça.

Même les deux petits, Farid et Djamel, ont réussi à se taire, eux qui ne peuvent pas rester cinq minutes sans s'égosiller. Ils se sont assis sur le canapé à côté de Fatima et ils ont balancé leurs pieds dans le vide, les doigts dans la bouche. Elle a ramassé sa broderie.

C'est un mouchoir très fin cette fois qu'elle brode, à ses initiales. Elle a baissé la tête, le nez dans son trousseau.

C'est tellement bête de broder des mouchoirs en attendant qu'on vienne vous demander en mariage.

Ma mère a lissé son tablier comme pour effacer les paroles trop dures de mon père, son grand tablier bleu marine qui l'enveloppe de la taille aux chevilles. Elle est repartie à petits pas pressés vers la cuisine.

Mon père est retourné dans la chambre à coucher où il se repose tous les soirs avant le dîner dès qu'il rentre des livraisons.

Avant de relire mon cours d'histoire, à la table de la salle à manger où je fais mes devoirs tous les jours, j'ai vu que son dos était un peu voûté maintenant quand il marchait.

J'avais dû serrer très fort mon crayon. Les deux morceaux ont craqué avec un bruit sec en se séparant. Personne n'y a fait attention.

Chapitre 2

Le lendemain matin, au cours de Mme Luguet, le prof de français, tout le monde chuchote.

À côté de moi, au premier rang, il y a la place vide de François Rodier.

Comment cela peut-il bien se passer chez eux, maintenant ? Est-ce qu'il a été arrêté, Éric ? J'imagine déjà les cars gris des CRS stationnés devant le petit portail, Éric qui sortirait sans lever les bras en l'air, avec son blouson rouge vif, et qui traverserait tout seul le jardin où Mme Rodier fait pousser tant de fleurs dont je ne connais pas le nom. Je n'ai vu qu'une fois le pavillon de François, en revenant d'une sortie de l'école. C'est une vraie maison.

Et François ? François... je ne peux pas l'imaginer... il doit avoir tant de peine...

J'ai mis mon cartable sur sa chaise pour que ça fasse moins vide. J'ai croisé le regard de Mme Luguet. C'est comme si elle avait deviné. Elle m'a souri et elle a lancé :

– Aujourd'hui, exceptionnellement, nous allons faire le cours d'éducation civique au lieu de la lecture expliquée.

Un murmure parcourt les rangées.

– Et nous allons parler de ce qui s'est passé, hier, ici, dans la Cité, et puis à Paris.

Le murmure se gonfle, entrecoupé d'exclamations et de rires gênés.

Tout le monde se regarde.

– C'est toujours difficile, a repris Mme Luguet de sa voix calme, de parler et d'analyser ce qui se passe chez soi. On voit toujours mieux les choses quand on est loin ou bien... on croit qu'on les voit mieux. Nous allons quand même essayer de faire le point sur ce qui va mal dans cette Cité.

Un gros rire pour toute réponse. C'est Nedhir. Il s'exclame en levant les deux mains d'un air fataliste :

– Mais, tout va mal, madame !

Et toute la classe rit avec lui.

Moi je sais que Nedhir a encore eu une petite sœur il y a un mois, que chez eux, on est trop nombreux maintenant. Je sais que ma mère pousse des soupirs et envoie Fatima dans la tour des Kanouffi pour leur apporter des petits gâteaux qu'elle fait elle-même, en grande quantité : makrouts, zlabias encore tout chauds qui dégoulinent de miel « Pas tout desséchés comme dans les boutiques ». Je sais qu'elle ajoute souvent un ou deux pulls qui ne vont plus aux petits, ou des chaussettes. Une fois, je l'ai même vue glisser un billet dans le grand torchon noué. Pourtant, chez nous non plus, on n'est pas riches. Mais chez les Kanouffi, c'est pire. Les parents sont trop vieux et ils continuent à faire des enfants.

« *Meskin* * », dit Fatima.

Moi quand je serai grande, je prendrai la pilule et j'aurai des enfants quand je voudrai seulement.

Je n'arrive pas à rire avec les autres. Parce que Nedhir, je le connais trop bien. Au collège, il fait le clown et ça marche, mais chez lui, il travaille dur pour aider sa mère, et il ne le dit pas.

– Tout va mal ? a repris Mme Luguet. Bon, Nedhir, tu ne dois pas avoir complètement tort. On va essayer de préciser ensemble chaque chose dans ce fameux TOUT. Et peut-être pourrons-nous y voir plus clair... si on tentait de se dire ce qui va si mal ?...

Après un long silence, quelqu'un a lancé comme un défi :

– Les logements !

– Oui, a acquiescé Mme Luguet.

Et elle a écrit au tableau, en gros, en

* *Meskin* : les pauvres.

lettres d'imprimerie : LOGEMENTS et puis elle a passé la craie à qui voulait la prendre pour aller au tableau écrire à sa place.

Tout le malheur de la Cité en poudre blanche sur le noir du tableau.

J'ai la gorge serrée.

Oui. C'est tout ça qui ne va pas. Oui. Les bandes. Oui la drogue. Oui la pauvreté, la misère. Pas de sou pour le médecin, pas de sou pour le cinéma et la peur des hivers trop froids.

TROP DE BRUIT TOUT LE TEMPS écrit Marjorie. Federico s'est emparé de la craie comme un voleur pour marquer ILS BOIVENT et Nadia, en tout petit, ON NOUS TRAITE...

Mme Luguet n'a pas demandé qui c'était ILS, ON. Elle s'est appuyée contre le mur près de la fenêtre et elle encourage du regard ceux qui n'osent pas encore.

Le tableau se couvre de mots blancs. Les écritures montent, descendent, s'étirent, se cassent, s'enflent, mais n'hésitent plus.

Moi, j'ai envie de pleurer.

Peut-être parce qu'à côté de moi, le sourire de François Rodier me manque.

Alors je me lève, et dans un coin libre du tableau, j'écris : ÉRIC RODIER.

Après je ne dis pas un mot.

J'entends comme dans un rêve Mme Luguet qui parle de sa voix douce de ceux qu'on appelle les « Casseurs ».

Je sais qu'elle, elle essaie de comprendre.

Mais dans ma tête il n'y a plus de place que pour le nom de François que je n'ai pas osé écrire.

Je sais que les élèves de ma classe disent qu'ils sont tous contre ces violences.

Je sais que personne n'ose parler de François qui n'est pas là.

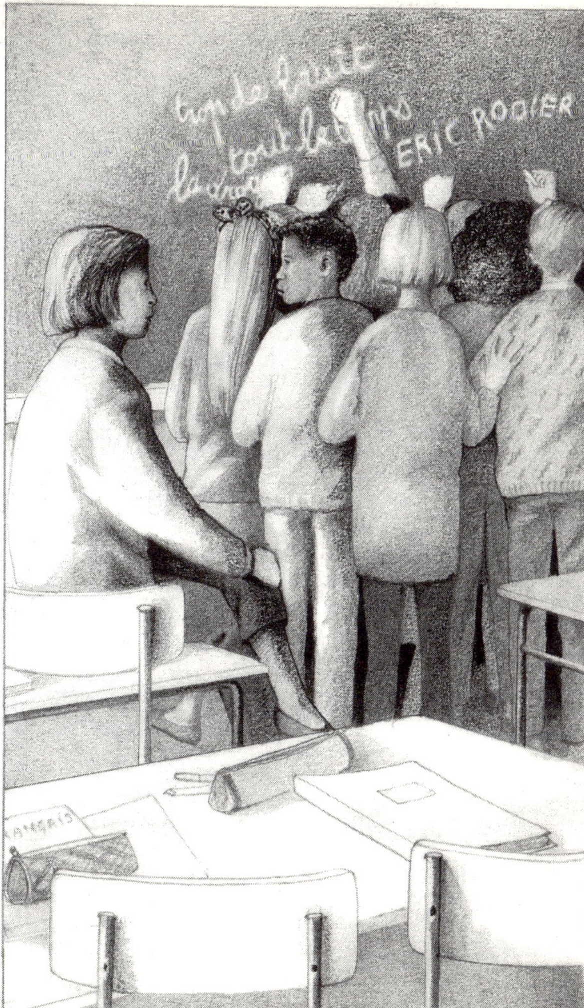
ERIC RODIER

Chapitre 3

À la maison, quand je rentre, c'est l'effervescence. Les deux petits me hurlent aux oreilles, dès que j'ai ouvert la porte :

– Ça y est ! Ça y est !

Ma tante Zorah est là, et ma mère a fait du thé pour toutes les voisines. Elles sont assises et rient en discutant. Au milieu des voix, on entend le cliquetis des bracelets autour de leurs poignets.

C'est Fatima qui est le centre de toutes les conversations. Elle a les joues rouges, elle s'est un peu maquillée et ça lui va bien. Ma mère a les larmes aux

yeux et elle rit en même temps. J'ai à peine le temps de poser mon sac qu'on me fourre déjà des gâteaux dans les mains, qu'on me pousse vers le canapé.
– Mange mange, ma fille !
– Hé !... bientôt, ce sera pour elle !

Mais quoi ? Pourquoi toute cette excitation ? Des mots en arabe fusent que je ne comprends pas et elles éclatent toutes de rire, sauf Fatima qui rougit. Elle doit comprendre, elle. Elle va aux cours d'arabe du mercredi après-midi. Moi, j'ai demandé qu'on me laisse du temps libre pour travailler mieux à l'école, et mon père n'a pas insisté. Ma mère a soulevé les épaules. C'est sa façon de dire qu'elle n'est pas d'accord avec lui. Elle a murmuré que je serai la première à ne plus parler notre langue puisque à la maison on parle français. Mais j'ai haussé aussi les épaules.

Je préfère l'anglais.

Comme je ne dis toujours rien, c'est la tante Zorah qui me prend par les épaules pour chuchoter :
– Samira, ma petite, c'est un grand bonheur pour nous, ta sœur Fatima va

se marier. On est venu me voir pour faire la demande à la famille.

Je regarde Fatima, ahurie. Elle me sourit. Fatima, elle a tout juste dix-huit ans. Elle pourrait commencer à faire ce qu'elle veut sans l'avis de personne. C'est bien trop tôt pour se marier. Elle n'a même pas son bac.

Je dis avec une toute petite voix :

– C'est qui ?

Fatima continue à me sourire en murmurant :

– C'est Kaddour.

Au nom prononcé, toutes les voisines font le you-you et elle rougit encore plus fort.

Kaddour ! quelle tristesse !

En voilà un qui est sûr de lui et qui regarde les femmes en n'oubliant jamais que ce ne sont que des femmes ! C'est lui qui donne les cours d'arabe du mercredi et c'est vrai qu'il raccompagne toujours Fatima jusqu'à la maison. Je me souviens que, un soir, quand mon père lui a parlé des études de ses filles, qu'il en était fier, Kaddour a souri d'un air entendu en assenant :

– Ma femme n'aura pas besoin de travailler hors de ma maison. Qu'elle élève mes enfants selon les justes principes du Coran et je serai content.

Mon père n'a rien répliqué et je lui en ai voulu. Il avait son visage fermé, lisse comme les pierres de la rivière, là-bas, de l'autre côté de la mer, au village.

Mais Fatima n'a que dix-huit ans. Elle a tout le temps pour se marier.

Je sais qu'il est sérieux, Kaddour, qu'il gagne bien sa vie, qu'il est comptable dans une grosse entreprise, qu'il aide bien ses parents restés au pays, qu'il a déjà son appartement à lui, dans le coin des jolis immeubles, un peu à l'écart de notre Cité.

C'est un vieux avant l'âge.

Je la plains. Et s'il finissait par lui faire porter le voile, tant qu'à faire, qu'est-ce qu'elle dirait ?

Elle me serre contre elle. Elle s'est parfumée. Elle sent bon. Je lui dis tout bas, je ne sais même pas pourquoi :

– Tu vas l'passer quand même ton bac, hein ?

Mais elle ne me répond pas. Elle ne m'a pas entendue. Elle va chercher son trousseau et elle commence à le montrer aux voisines : les nappes, les draps brodés, les serviettes fines bien ourlées. Ça me fait monter les larmes aux yeux.

Au milieu des exclamations, j'arrive à me faufiler avec ma tasse de thé jusqu'à notre chambre.

Notre chambre... alors, bientôt, elle va s'en aller ? Je jette mon sac sur le lit et je vais droit à la fenêtre, mon refuge.

C'est haut, les tours de la Cité. Mais mon cœur est encore bien plus haut.

Un jour, je n'habiterai plus ici. Et je me jure, aujourd'hui, et pour toujours, que je n'aurai pas besoin d'un Kaddour pour m'en sortir.

Je n'ai pas de mouchoir brodé à mes initiales, moi, pour essuyer les larmes qui coulent de mes yeux.

Je pleure juste en cherchant l'immeuble qui me cache le pavillon où vit, là-bas, la famille Rodier.

Sur mon cahier, ce soir, j'écris.

Il y a des pays
où les filles sont heureuses
de vivre libres
de travailler
et de savoir

Moi, ma sœur choisit
l'étroite place
où les femmes
attendent
que les hommes
rentrent

J'ai du mal

Je nous aurais voulues
savantes
toutes deux
et voyageuses

J'ai peur
de ce que
la Cité
fait de nous.

Chapitre 4

Le soir j'essaie de suivre les infos mais je ne capte que des bribes. Sans cesse, quelqu'un passe devant le poste. On a préparé un vrai repas de fête. Ma mère, Fatima et la tante Zorah parlent fort en mettant le couvert, avec la belle nappe et les belles serviettes assorties.

Je me suis assise le plus près possible de la télé pour apprendre quand même les nouvelles, mais les jumeaux sont excités comme des puces et se rabattent sur moi pour faire les fous.

Je n'ai pas le cœur à jouer.

– Éteins-moi ça ! a dit ma mère. Ce soir,

c'est la fête. Ne te crève pas les yeux à regarder ces sans-cervelle tout casser.

Inutile d'expliquer que ça m'intéresse, que c'est important de se tenir au courant de ce qui se passe là, que ceux qui cassent, ils viennent aussi d'ici, de notre Cité. Ce n'est pas la peine. Elle ne comprendrait pas. Personne ne comprend ici. Et voilà ma tante qui s'y met :

– Va te passer une robe, Samira, pour ce soir. Enlève ce jean et ton pull qui te cache les mains tellement il est grand.

– Ah ! elle a cette manie de tirer les manches sur ses doigts, y a rien à faire, elle me les abîme tous !

J'ai dit :

– C'est pas moi qui me marie !

– Et alors ? Tu peux quand même te faire belle pour ta famille ! Ah ! ma fille, c'est pas comme ça que tu le trouveras, toi, le mari !

– Je n'en cherche pas. Il n'y a pas que ça dans la vie !

Elles éclatent de rire.

– Eh ! on dit ça quand on a treize ans... après, on change de chanson, hein, Fatima ?

Fatima me regarde. Je me dis qu'elle va peut-être tout comprendre. Tout arrêter. On va retourner dans notre chambre toutes les deux. On va se parler, elle assise au bord du lit et moi le dos appuyé contre le mur, comme ça ne nous arrive plus depuis des mois, depuis Kaddour.

Je lui dirai qu'on peut vivre autrement et elle m'écoutera. Elle ne rira plus.

Mais elle a rejoint le clan des femmes qui gloussent. Je la déteste, brusquement. Elle me passe la main dans les cheveux :

– Tu veux que je te coiffe ?

– Non !

Elle s'est détournée en haussant les épaules.

Non. Mes cheveux, je veux les garder comme ça, fous et broussaille, je n'ai pas envie qu'on les lisse, qu'on les parfume, qu'on les tresse. Je ne veux pas de barrettes, pas de ruban.

Je passe ma main dans ma crinière comme pour la protéger. Je rabats en arrière la mèche toute frisée qui me retombe toujours sur le front.

Qu'est-ce qu'on peut faire dans notre Cité à part mal tourner ou marier les filles ?

Je veux savoir ce que devient Éric Rodier. Je veux savoir ce que fait François et s'il viendra à l'école demain. C'est ça qui m'intéresse.

Je voudrais quelquefois m'appeler Dupont, Berthaud ou Simonnet et rentrer dans une maison où on ne se réjouit pas de marier les filles à dix-huit ans à peine, sans diplôme, sans rien. Mais je sais que quand ça me prend, ça ne dure pas, parce que j'aime mon nom à moi SAMIRA BENAMRI, que j'aime aussi la terre dure, sèche et ocre que je retrouve chaque été là-bas et la peau toute fine parcheminée de ma petite grand-mère arabe.

Oh ! à qui puis-je dire ma peine puisque ici tout n'est que réjouissances !

Pendant tout le repas, j'essaie de retrouver le plaisir que j'avais, petite fille, aux fêtes de là-bas, quand ma grand-mère fait le you-you et que les plats se succèdent, servis sur le large *sni* de cuivre, le beau plateau où elle sert le couscous.

J'essaie mais je n'y parviens pas.

Ici, il n'y a pas la nuit qui enveloppe le corps comme un burnous bien chaud, on n'entend pas les petites chèvres de Nabil piétiner dans l'enclos, et les étoiles sont étouffées de nuages. Il fera gris demain.

On n'est pas sous le même ciel et on fait comme si rien n'était différent. C'est stupide. Moi, je ne peux pas.

Je les vois, les lumières, aux fenêtres de la Cité, je les entends les télés et les motos au pot d'échappement raccourci pour faire encore plus de bruit. Je sais que sur les murs de la cage d'escalier, de l'ascenseur, des mains ont taggué des signes à la bombe. Parfois, au milieu des tags, je lis MORT AUX ARABES et je tire encore plus sur les manches de mon pull. C'est des cons !

Si je vivais chez ma grand-mère, là-bas, ce ne serait pas pareil mais je n'en ai plus envie maintenant. Je n'y arriverais plus. Il me manquerait toujours les choses d'ici.

Le regard brun si clair de François Rodier.

– Elle pense trop, ta fille ! a lancé Zorah à mon père.

Il n'a rien dit, m'a regardée. Parfois j'ai l'impression qu'il voit derrière mon front. J'ai envie de lui parler. Mais je n'ose pas. Je ne sais pas ce qu'il pense. Et il travaille si dur pour nous !

Je prétexte mon contrôle de maths pour aller me coucher sans trop tarder. Je n'ai pas envie d'être avec eux. Je les entends rire longtemps, et puis chuchoter. Je m'endors.

Dans mon rêve cette nuit, je voudrais qu'il y ait ma grand-mère et la mère de ma grand-mère et toutes les autres. Et qu'elles m'expliquent, parce que moi je suis une Benamri perdue dans la Cité des Quatre-Routes et je ne sais plus bien qui je suis.

Chapitre 5

Depuis le cours de Mme Luguet, on parle tous au collège de ce qui pourrait changer. Je fais comme les autres, je rêve tout haut : du ciné-club qu'on apprendrait à animer, de la vraie bibliothèque rien que pour nous avec des gros coussins dans les coins, d'une grande piscine, des rues avec des arbres qui auraient plein de feuilles. Et même de voyages...

On pourrait vivre tellement de choses si... Si quoi ? Si « Les gouvernements nous donnaient de l'argent ? » comme dit Luisa. Mais il n'y en a qu'un, de gouvernement, et la moitié d'entre nous n'a jamais vu ni son père ni sa mère voter, alors... les gouvernements, c'est loin, comme les planètes où il y a plusieurs soleils dans les livres de science-fiction.

La plupart du temps, j'écoute les autres mais je ne parle pas. Je laisse leurs paroles s'accrocher à mes oreilles, rouler comme les pierres sur les chemins quand je suis en vacances. Souvent dans ma tête, je ne garde de toutes ces conversations que le sourire de Maria, la voix grave de Nasser ou le visage de Marjorie qui s'est éclairé tout d'un coup à l'idée d'un projet merveilleux.

Mais je n'y crois pas, moi.

Parce que personne ne s'intéresse vraiment à nous. Ils nous montrent à la télé. Ils exhibent les cages d'escalier déglinguées, les boîtes aux lettres défoncées, l'herbe pelée de nos « espaces verts » pleins de papiers et de bouts d'objets qu'on ne peut plus reconnaître.

Maman ne veut même plus que les petits descendent jouer au ballon parce que Djamel s'est déjà fait mal sur la ferraille, on le sait bien.

Mais qu'est-ce qu'on va changer ?

À l'aller, au retour de l'école, je laisse mes doigts traîner, rebondir, buter sur les barreaux verts de la grille qui longe les bâtiments de la Sécurité sociale. C'est le seul endroit de la Cité où il y ait de la vraie pelouse, de vraies « allées bordées de massifs », comme dans les livres.

Je n'y ai jamais mis les pieds.

La pensée de Fatima me revient toujours quand je ne m'y attends pas. Elle va habiter dans les petits immeubles aux baies vitrées qui bordent le coin des pavillons, là-bas, de l'autre côté.

Elle parle de plantes qu'elle va faire pousser sur les balcons. Elle feuillette les catalogues, réfléchit avec ma mère. Je la vois, Maman, se trémousser de plaisir comme si c'était elle qui partait vivre là-bas. Les jumeaux rêvent déjà d'aller envahir la « nouvelle maison » de Fatima.

Tout le monde rêve.

Sauf moi.

Ça fait trois jours qu'il s'est passé toutes ces choses et j'ai l'impression que ça fait très très longtemps. François n'a toujours pas repris sa place en classe. Je me demande ce qu'il fait. Pourquoi est-ce qu'il ne revient pas ?

C'est en allant chercher les jumeaux à la primaire que j'apprends la nouvelle. Une mère, qui attend ses petits aussi, raconte qu'il y a eu une descente dont personne n'ose parler, que les deux frères Rodier ont été agressés.

Agressés ? J'ai le cœur qui cogne contre ma bouche.

Je n'ose pas demander plus.

Ils ont été attaqués par une bande d'extrémistes d'extrême droite, le plus grand est à l'hôpital.

J'ai les jambes qui tremblent. François ! François ! Je le vois par terre, plein de sang. Et dire que chez moi, depuis trois jours, c'est la fête !

J'ai serré trop fort la main de Farid, il se dégage en bramant :

– T'es folle, Samira, tu m'fais mal !

– Oh, c'est pas la peine de hurler comme ça. Tais-toi !

Le voilà qui se colle à Djamel pour pleurnicher. Je m'en veux mais je n'arrive pas à le consoler.

Tout va trop mal et j'ai peur pour François. Mais qu'est-ce qu'on lui a fait ?

Les histoires d'agressions, on en connaît dans la Cité. Il y a une bande qui descend de Paris exprès jusqu'ici. On ne sait pas qui c'est. On raconte qu'il y a des filles qui se sont déjà fait insulter, battre, violer, que quelquefois des clients de M. Burri se font « massacrer » le soir, à la fermeture de son café.

Les journaux n'en parlent pas.

Personne n'en parle.

On a peur.

Mes parents ne veulent rien savoir de tout ça. Ma mère dit que si on ne traîne pas, il ne se passe rien de mal, qu'on en raconte plus qu'il ne s'en fait. Mais moi, souvent, j'ai peur.

Peur de ce qui fait la beauté de Fatima, la mienne : nos cheveux trop frisés, nos yeux sombres en amande, notre peau dorée même en plein hiver. Tous ces signes qui nous désignent comme des « Beurettes »...

Oui, j'ai peur qu'un jour un groupe de types se dresse tout d'un coup devant moi ou Fatima et que tout arrive...

Encore plus maintenant s'ils attaquent aussi les Français de la Cité.

J'ai vu des filles à l'école remettre le voile comme c'était la coutume là-bas. Et leurs frères viennent les chercher maintenant à la sortie, ou leurs cousins. Moi, je ne veux pas qu'on vienne me chercher. Je veux garder mon jean et mes cheveux libres. Je ne veux pas du voile. Mais je suis toute seule à raccompagner les jumeaux et je sais que c'est comme les chèvres de Nabil le berger quand elles sentent le renard. J'ai peur.

Je hâte le pas. J'ai envie de me retrouver vite à la maison. Je veux entendre Maman chanter ses vieilles chansons de fête en cadence et taper dans ses mains. Je veux sentir l'odeur des plats qui réchauffent à la cuisine, le cumin, les épices et la viande de mouton qui rôtit. C'est ma maison.

Je voudrais pouvoir encore rire avec les petits.

Chapitre 6

François toujours absent.

Toute la semaine écoulée sans le voir. Les bruits qui courent, contradictoires, sur la famille Rodier. Certains ont dit qu'ils avaient déménagé, d'autres qu'Éric n'était pas à l'hôpital, mais en prison. On a même annoncé que Mme Rodier allait partir en maison pour dépression.

Moi, j'écoute. Dès qu'il me semble que, dans un groupe, on parle de lui, je m'approche. J'écoute et je me dis que les gens racontent n'importe quoi. Ils s'emparent du malheur des autres pour faire la vedette dans la cour de l'école.

C'est comme à la télé, ça me dégoûte.

Je voudrais être journaliste plus tard. Une vraie journaliste ! Quelqu'un qui va sur les lieux, qui regarde, qui écoute. Quelqu'un qui dit la vérité même s'il y a des risques, pour que le malheur s'arrête un peu. Un grand reporter. Mais je ne sais même pas comment on fait pour devenir journaliste. Il faudrait demander à Mme Luguet. Oser demander.

À la sortie du cours de français, c'est elle qui m'appelle :
– Samira, tu as deux minutes, s'il te plaît ?
– Oui, madame.
– Alors très bien, ferme la porte, veux-tu ?

C'est la première fois qu'elle demande à un élève de rester. Les autres se retournent, intrigués, en partant dans le couloir. Je me demande ce qu'elle a à m'annoncer. Je ferme la porte.
– Samira, tu es très amie avec François, n'est-ce pas ?

Mon Dieu, j'ai tout le sang qui remonte dans ma tête. Je dois être rouge comme les tomates de ma grand-mère. Je murmure qu'il s'assoit à côté de moi en classe.

– Tu sais ce qui lui est arrivé ?

Je repousse l'inévitable mèche frisée qui s'obstine sur mon front. J'arrive à dire :

– Il paraît qu'il a été agressé.

– Ce n'est pas « il paraît ». Il a été agressé. Sa mère a prévenu le collège. Une bande que je ne qualifierai pas les a attaqués lâchement, lui et son frère, à la sortie du cinéma. Éric est à l'hôpital. Il a un bras cassé et il souffre de contusions et d'hématomes. Pour François, c'est moins grave. Il a été giflé et bousculé, c'est tout, parce qu'il voulait défendre son frère. Mais, surtout, il a été choqué, Samira. Maintenant, il a peur de sortir de sa maison et rien n'y fait. Sa mère a beau vouloir l'accompagner au collège, il est terrorisé à l'idée de se retrouver dans la rue. Madame la Directrice m'a appelée pour m'en parler parce que je suis votre professeur principal. J'ai vu la mère de François.

Tu sais que ses parents sont divorcés. Elle est seule à s'occuper de la famille. Je lui ai proposé qu'on lui apporte le travail en attendant... pour que François ne soit pas coupé du monde extérieur, tu vois... comme un relais... il va finir par se remettre... mais ça risque d'être long... on peut l'aider, nous, de cette façon...

J'ai tellement tiré les manches de mon pull que je n'ai plus de main. Maman va encore rouspéter... je pense à plein de choses qui n'ont rien à voir avec ici... j'entends les paroles de Mme Luguet comme quand on se met la tête sous l'eau, ça bourdonne... je sais ce qu'elle va me dire... je l'attends, j'en ai peur... et pourtant, comme j'en ai envie...

– Samira, veux-tu, le soir, après les cours, passer chez François pour lui apporter le travail à faire et parler un peu avec lui ?

Les yeux verts de Mme Luguet sont posés sur moi. Elle attend ma réponse qui ne vient pas.

– ... ou bien juste le mercredi et le samedi si ça fait trop, autrement...

Oh ! je voudrais bien y aller, moi, soir et matin, chez François, et m'occuper de lui, lui parler, lui raconter des histoires, le faire rire, me promener avec lui dans un vrai parc avec de vrais arbres, des fleurs, des oiseaux, l'emmener loin en le tenant par la main... je voudrais... mais j'entends encore la voix terrible de mon père : « Que je ne vous voie jamais lui adresser la parole, ni à quelqu'un de sa famille ! »

Mme Luguet n'a pas cessé de me regarder. J'ai la tête baissée. Elle soupire un peu :
– ... Si cela n'est pas possible, Samira, ça ne fait rien, je vais chercher quelqu'un d'autre, mais...
Ma voix est sortie toute seule, d'un trait :
– J'irai, madame, et je lui expliquerai bien le travail.
– Merci, Samira. Merci beaucoup pour lui. Ça va être important, tu sais.

Elle a mis sa main sur mon épaule et j'ai l'impression très forte d'être vraiment à ma place et en même temps de trahir. Mais quoi ?

Elle ajoute :

– Je te demanderai d'être discrète, Samira. Il est inutile que toute la classe soit au courant. Mme Rodier craint que les meilleures intentions des uns et des autres ne fassent plus de mal que de bien à François. On a choisi ensemble cette solution, Samira, et j'ai déjà parlé de toi. Je compte sur toi. Je sais que tu n'es pas bavarde.

J'ai fait oui de la tête. Mme Luguet m'a laissée sortir la première de la salle. Elle a continué à ranger ses affaires.

Dans le couloir qui mène au portail, je sais que quelque chose a changé dans ma vie.

Chapitre 7

Arrivée à la maison, je file tout droit dans ma chambre pour chercher le mot « hématome » que je ne connais pas. J'ai du mal parce que je me trompe d'orthographe. Enfin, je trouve :

« Épanchement dans une cavité naturelle ou sous la peau, consécutif à une rupture des vaisseaux. »

Si j'étais un garçon, je créerais une bande adverse, une bande spéciale très bien entraînée, sans aucune arme, que les poings, et on ferait régner la paix. Les hématomes seraient de l'autre côté. Pourquoi les garçons de la Cité ne se mettent-ils pas ensemble au service de la population ? pourquoi est-ce qu'ils ne s'organisent pas ?

J'en suis là de mes pensées quand Fatima entre dans la chambre. Elle s'assoit sur son lit et prend un magazine. Je tente timidement :

– Dis, Fatima, tu vas le passer, ton bac ?

Elle me regarde par-dessus les yeux de Florence Arthaud en couverture :

– Oh ! ça me tracasse pas...

– C'est important pourtant, un diplôme, pour avoir un métier !

– Tu parles ! avec un bac G, qu'est-ce que tu veux que je fasse ? T'as vu le chômage ?

– Et alors ? Avec rien, c'est encore pire de trouver du travail !

– Mais pourquoi veux-tu absolument que je travaille dehors ? Tu sais, il y a plein de choses à faire pour s'occuper d'une maison.

Elle rit d'un air entendu.

– J'ai pas sept ans, Fatima, je sais de quoi je parle. C'est pas parce qu'on s'marie qu'on doit tout arrêter !

– Oh ! ça suffit, Samira ! Continue, toi,

puisque ça t'intéresse tant. Moi, tu sais, l'école, ça n'a jamais été mon fort...

Elle s'est replongée dans son magazine.

Elle aura un bel appartement, une cuisine intégrée, des rideaux en Tergal et des tableaux moches aux murs.

Elle aura des enfants et elle attendra Kaddour qui rentrera soucieux et grave. Et après ? Combien d'années comme ça ? On peut vivre comme ça tout le temps ?

Je n'arriverai pas à lui parler de François. Pourtant, je comptais un peu sur elle pour m'aider. Il va falloir que je me débrouille autrement.

Mais comment faire ?

Ma mère connaît mon emploi du temps par cœur. Il est affiché au-dessus du frigo à la cuisine avec celui de Fatima. Les jours où je vais chercher les petits à la primaire, j'ai droit à un quart d'heure de plus pour le trajet avec eux. Et elle fait très attention.

C'est mon père qui a exigé les horaires.

Il dit qu'il tient à ses filles.

Moi, je dis qu'il tient ses filles. C'est tout.

Jamais le droit de sortir sans avoir une heure précise de retour et pas question de la dépasser.

Si je vais chez une amie, il faut que mes parents la connaissent d'abord. « C'est le XIXe siècle ! » m'a dit un jour Marianne, une fille de 4e avec qui je m'étais retrouvée pour le club santé, au collège.

Quand mon père avait appris qu'on irait dans la rue pour faire des enquêtes, il m'avait interdit d'y retourner.

– Je ne veux pas te voir traîner et parler à n'importe qui !

– Mais c'est pas traîner ! C'est pour l'école !

– Si l'école envoie les enfants dans la rue, c'est son affaire, mais moi, c'est non !

J'avais eu envie de hurler « Je ne suis plus une enfant et on est en France ! » Mais je me suis tue. Pas envie de voir pleurer ma mère, de voir les yeux effarés de Djamel et de Farid. Peur de m'affronter à celui qui décide de tout ici.

Peur et envie... je suis partie dans ma chambre.

Parfois je revois Marianne dans la cour, on se parle un peu. Elle est sympa. Ses parents sont instits à la primaire et ils font plein de trucs bien pour les petits : des sorties, du théâtre et tout. Elle, elle veut être prof de langues ou bien interprète plus tard. Elle n'arrête pas de dire en riant qu'ici on est bien placé pour savoir que c'est utile.

Elle, elle m'aidera peut-être.

Dès le lendemain, je la cherche dans la cour de l'école et je lui explique tout.

Marianne est encore plus chouette que je ne le pensais. Elle a tout écouté sans m'interrompre. Pourtant, j'ai eu du mal à tout dire mais c'est la façon dont elle m'écoute, en silence, gravement, qui m'a permis d'aller jusqu'au bout. À la fin, elle m'a regardée droit dans les yeux.

– C'est O.K. Samira ! On va s'occuper de tout ça. Les frères Rodier, ils sont

super. Ne t'inquiète pas. Je vais en parler à mes parents, tu veux bien ?
– Non, j'ai murmuré. Je préfère pas. Pas les parents. Rien que nous deux si on pouvait s'arranger, je préférerais.
– Très bien. C'est comme tu veux. Je vais réfléchir et trouver un moyen sans les parents.

Toute la matinée j'ai eu le cœur battant. Marianne m'a écoutée et elle va m'aider. En plus, je sens que j'ai trouvé une vraie amie.

Chapitre 8

Le plan de Marianne est simple.

J'ai plutôt du mal en anglais. Elle, sa tante habite en Angleterre. Elle y va chaque fois aux grandes vacances et son accent est imbattable. Elle me propose donc de dire à mes parents qu'elle va m'aider quelques soirs par semaine après les cours. Chez elle, elle a plein de documents et des enregistrements qu'on pourra utiliser, donc il faut que j'y aille. C'est ce que je dois raconter à mes parents. Elle fait de même avec les siens.

Pendant ce temps, moi, j'irai chez François.

C'est ses parents qui ont décidé ma mère à accepter. Ils lui ont parlé le jour où c'est elle qui va chercher les petits à la primaire.

Mon père et ma mère se sont bien demandé pourquoi on s'intéressait tant à moi mais j'ai su argumenter en disant qu'on était très amies, Marianne et moi. En parlant d'amitié, je n'avais plus l'impression de mentir. Mon père a seulement fait remarquer :

– Elle était dans ce fameux club avec toi ?

J'ai répondu en baissant la voix :

– Oui.

Je ne me serais pas doutée qu'il aurait retenu son prénom.

– Et elle continue toujours ?

J'ai éludé en mentant : je ne savais pas exactement... on n'en parlait plus...

Je ne voulais surtout pas le heurter.

– Très bien, a-t-il fini par dire. On verra bien si avec tout ça tu avances en anglais.

J'avais envie de crier de joie.

Mais je me suis retenue. Il ne fallait surtout pas lui mettre la puce à l'oreille par trop de contentement.

Et voilà. On est en cours de sciences nat et pendant que Mme Nacivel continue son exposé, moi, je guette l'heure. Dans vingt minutes, je serai en route pour aller chez François. Dans trois quarts d'heure, je le verrai. Trois quarts d'heure ! Ce que ça peut être long !

Je suis la première à la porte dès que ça sonne. Je dévale les escaliers. Je pousse la grande porte en bois, de l'épaule. Je suis allée tellement vite que j'évite la foule des élèves en troupeau. Ils arrivent derrière. Je suis dehors.

J'ai l'impression que tout me fait signe : un petit rayon de soleil, du linge très coloré qui claque en séchant sur un porte-linge, un petit moineau qui sautille sans s'envoler quand je passe. Je suis heureuse. Je vais aller chez François. Je vais entrer chez lui, connaître sa maison.

Je me pose plein de questions.

J'essaie de calmer mes pas. Je ne veux pas arriver tout ébouriffée chez lui. Est-ce que sa mère va être sympa ? Je serre mon sac contre moi. J'ai bien tout. Est-ce que je saurai bien lui expliquer la correction du contrôle de math, les subordonnées complément d'objet en français ? Quant à l'anglais... l'anglais, Marianne a décidé qu'il fallait que je progresse vraiment pour notre plan et pour moi. Alors, à chaque récré, je dois la retrouver pour parler anglais avec elle. Moi, ça me fait plaisir : on est toutes les deux.

Pourvu qu'à la maison on ne se doute de rien !

Tout en pensant, j'ai marché plus vite qu'il ne faudrait. Je me sens toute chaude et je n'ai pas envie d'arriver en sueur chez François.

Je suis déjà sortie du groupe de nos tours. Je traverse la grande place où il y a marché tous les dimanches matin. Elle fait immense quand elle est vide. D'habitude, je ne viens jusqu'ici que pour aider ma mère à porter les couffins, le dimanche.

C'est plein de bruits : les appels des marchands qui rient avec les clientes, le haut-parleur du manège qui tourne, les cris des petits et le froissement des papiers qui entourent les légumes, le martèlement des pieds, les titres des journaux que des types et des filles jeunes clament, les petites conversations qui s'échangent, ma mère qui passe, elle, silencieuse.

Traverser cette place vide, c'est comme rêver. C'est une plage immense. Il n'y a pas d'immeubles derrière moi. Que des océans et des arbres lointains. Là-bas, loin encore, il y a quelqu'un qui m'attend et la Cité des Quatre-Routes, je voudrais juste que ce soit une photo dans notre livre de géographie.

Tout à coup, j'ai peur.

Et si quelqu'un me voyait, là, loin de chez moi, de chez Marianne, me reconnaissait et allait le raconter à ma mère ? Je baisse la tête. C'est la première fois que je mens aussi fort à mes parents. J'ai honte. Comment pourrai-je regarder mon père en face ce soir ? Pourtant, je suis sûre que j'ai raison. Après tout, je ne fais rien de mal.

Éric Rodier n'est pas un casseur. Il n'a pas voulu s'en mettre plein les poches, j'en suis sûre. Dans la Cité, il a bonne réputation. Il ne fait partie d'aucune bande. Et François est le seul garçon auprès de qui je me sens bien, respectée. Alors, pourquoi est-ce que je ne l'aiderais pas puisque même ma prof me l'a demandé ?

Je suis maintenant passée du côté des pavillons.

On dirait que c'est une autre ville ici. Les petits jardins les uns à côté des autres et les jolis portails. Ici aussi, le linge sèche mais sur des cordes à linge, derrière les maisons. Et il doit sentir bon quand on le rentre, le soir.

Chez ma grand-mère là-bas, on étend les draps bien blancs à plat sur des grosses pierres larges et ils sèchent au soleil. En deux heures, ils sont secs et comme repassés. On les plie en tirant bien chacune d'un côté et puis on se rapproche pour le pli du milieu. J'aime faire ça avec elle. Après, elle parfume le coffre où elle les range avec une boule de bois odorant et les draps sentent bon sous la joue, la nuit.

Je ne me suis pas perdue comme je le craignais dans les petites rues toutes pareilles bordées de maisons. Me voici devant le 18, rue des Fruitiers. Je jette un coup d'œil sur la boîte aux lettres : RODIER. Et au-dessous, à la main : Aline, Éric, François.

Ça me fait drôle de voir ces trois prénoms écrits comme ça, tout simples.

Je lève lentement la main et je tire sur la sonnette.

Le son se répercute, fin et sec, dans la maison. Je ramène en arrière ma mèche frisée qui revient encore sur mon front.

J'attends. Je ne suis plus qu'attente.

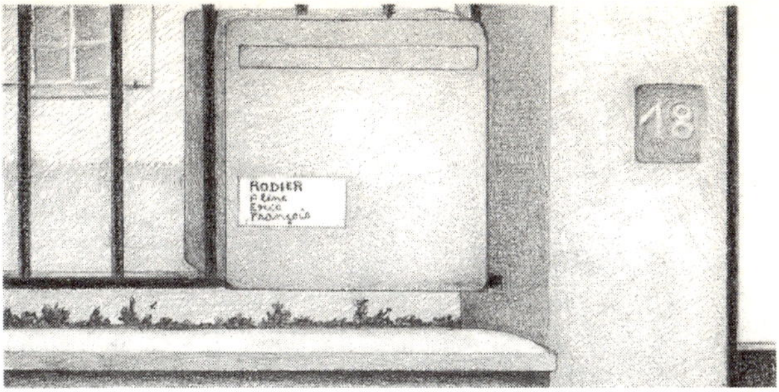

Chapitre 9

La mère de François a l'air si jeune !

Mince, les cheveux châtains retenus par un chouchou rouge foncé, elle a le visage très fin, les yeux bruns si clairs de François. Je ne m'attendais pas à ce qu'elle soit habillée presque comme moi, d'un jean et d'un pull trop long.

Elle m'a prise par l'épaule pour me faire entrer dans la maison. Sa main est petite comme une main d'enfant mais très ferme.

J'ai à peine eu le temps de jeter un coup d'œil dans l'entrée qu'elle m'a déjà conduite dans une grande pièce large dont même les murs sont recou-

verts de bois. On se croirait dans un bateau. Dans le fond, un bar sépare la cuisine du salon. Ça fait vaste. Mme Rodier est passée de l'autre côté. Elle me dit de l'appeler Aline, mais je n'ose pas.

Elle a sorti un plateau, une boîte à biscuits et deux jolies tasses vertes.

– Du thé ?

– Oui, merci madame.

Pendant qu'elle prépare le thé, je me suis assise dans un gros fauteuil recouvert de velours brun, comme elle me l'a proposé.

C'est donc ici que vit François. Quelle chance ! Comme ça doit être agréable de s'installer tranquillement ici, de lire, d'écouter de la musique.

Cette pièce respire la paix. Mme Rodier continue à me parler doucement pendant qu'elle s'affaire derrière le bar.

– Tu sais, il ne faudra pas t'étonner si tu trouves François moins bavard. Il parle très peu. Il préfère rester tout seul dans sa chambre, assis, à regarder par la fenêtre, des heures durant.

Elle a tourné vers moi son beau visage.

– J'ai eu très peur. Mais tout va aller pour le mieux maintenant. Éric va sortir de l'hôpital. Ce sera très important pour François de reprendre un peu pied avant de revoir son frère. C'est très gentil de lui donner de ton temps, Samira, tu sais. Je te remercie beaucoup.

Je ne sais pas quoi dire. C'est moi qui ai envie de dire merci. Merci de pouvoir être dans cette pièce inconnue. Merci de parler à cette femme qui ressemble encore tant à une jeune fille. Merci de l'entendre appeler du bas de l'escalier :

– François ? François ?

Un silence.

Puis j'entends un pas qui commence à descendre les marches.

La mère de François s'est éclipsée dans le jardin par la porte-fenêtre, elle a murmuré avec un beau sourire : « Je vous laisse. » Et j'ai compris à son regard qu'elle attendait beaucoup de moi.

J'ai le cœur qui bat jusqu'au bout de mes doigts.

François vient d'entrer dans la pièce. Je n'ai pas eu besoin de l'observer pour sentir son changement. Il est comme retenu, raidi. Il se dégage de lui quelque chose de froid, de fermé, que je ne connais pas.

J'ai l'impression qu'une main de glace serre ma poitrine.

Moi qui avais rêvé de chaleureuses retrouvailles, je n'ose pas le moindre mouvement. C'est comme un instinct qui me prévient qu'un geste trop familier, un regard, peuvent renvoyer François là-haut, dans sa chambre, au silence.

Je me penche aussitôt vers mon sac et j'en sors mon cahier de textes, mes livres, ma trousse, en m'appliquant à ne pas aller trop vite.

Sous son bras, François a lui aussi apporté des classeurs, sa trousse.

De revoir nos affaires de classe, côte à côte sur la table, je me sens rassurée. Je me dis qu'après tout c'est comme si nous étions au collège, avec du thé et des biscuits en plus. Je n'ose pas encore prendre ma tasse de peur de perdre le peu d'assurance que j'ai conquise.

Maintenant, sans lever la tête, sans le regarder, je lui explique le contrôle de mathématiques, à voix basse. Il note dans son classeur, ouvre son livre. Pas un mot.

Il reste dans le silence, là-bas, si près de moi, si loin.

Soudain, un bruit de rires dehors. Quelques exclamations. François a bondi sur ses pieds. Il est presque à la porte quand je l'appelle :

– François, c'est une bande de mômes qui passent... c'est rien du tout.

Il reste un instant immobile puis revient lentement s'asseoir près de moi.

Il a pris sa règle et semble mesurer un espace imaginaire devant lui.

– Ils étaient sept et nous, deux. J'ai cru qu'on allait mourir. Sur le trottoir. Comme des chiens.

D'un coup sec, il vient de casser sa règle en deux. Je sens qu'il ne faut rien ajouter, surtout ne poser aucune question.

Nous nous remettons au travail sans qu'il ait rien dit de plus. J'économise les mots. Je m'adapte à son silence.

Au bout d'un temps, c'est lui qui repousse les livres. Il prend un biscuit et sert le thé. Je m'autorise à tendre ma tasse, en le regardant. Et puis je laisse mes yeux faire le tour de la pièce... Tant de tableaux sont accrochés aux murs ! peints de couleurs très douces avec parfois une seule touche, très précise, de teinte vive. Mes yeux ne se lassent pas d'aller de l'un à l'autre. Ça me repose. Je murmure comme pour moi-même :

– C'est si beau, tous ces tableaux...

– C'est ma mère. Elle est peintre.

Il ne dit rien de plus mais dans ses paroles est passée la fierté de ce travail si beau.

Peintre. Elle est peintre.

Je laisse le mot m'emporter.

Cette femme aux yeux de clairière peut donc créer de si belles choses toute seule ? Peintre.

Comme j'aimerais la voir à l'œuvre, choisir ses couleurs, les mélanger, peu à peu les laisser se fondre, se préciser, se nuancer sur la toile comme de minuscules algues sur un rocher.

Mais François a de nouveau posé ses

mains à plat sur la table. De nouveau, il prend son stylo. Il attend. Et je recommence patiemment mes explications, jusqu'à ce que ma montre m'indique l'heure du retour. Il ne m'a pas interrompue une seule fois.

Quand je me lève, il dit juste « Merci, Samira » avant de remonter dans sa chambre. Je reste seule à ranger mes affaires dans la grande pièce. Je me sens désemparée.

Alors, je m'approche d'un tableau. Je reste là, à le contempler. C'est une sorte de grand navire étrangement bleuté, prêt à appareiller dans un paysage de glace et c'est beau.

Je n'ai pas entendu rentrer la mère de François. Sa voix me parvient, juste derrière moi.

– Ça te plaît, Samira ?

– Beaucoup, madame.

Je n'arrive pas à dire ce que je ressens. Je n'ose pas dire non plus que François m'a appris que c'était elle, le peintre.

Elle ajoute plus bas :

– Ça n'a pas été trop dur ?

Et je devine combien elle a été inquiète de cette première visite.

– Non, madame. Je crois que ça ira.

Elle m'a souri, et m'a tendu une jolie fleur, blanche, et qui pousse en hiver. Je n'ai pas osé lui demander son nom. Elle m'a raccompagnée gentiment jusqu'à la grille, m'a fait un signe de la main.

J'ai repris ma route, la tête toute pleine encore de cette heure passée dans une maison inconnue. C'est comme une plongée dans un autre monde et cela m'a plu, tellement, malgré le silence de François.

Je sais que, peut-être, il me regarde m'éloigner, de sa fenêtre. Je ne me retourne pas.

Je glisse doucement la fleur dans la poche de mon anorak.

Je sais que je vais vivre maintenant dans l'attente de ma prochaine visite, en gardant précieusement mon secret.

Chapitre 10

À la maison, je me débrouille pour laisser traîner des documents que Marianne m'apporte à la récré, pour faire plus vrai.

Ma semaine est réglée comme du papier à musique.

J'ai moins de temps pour travailler à cause de mes visites à François, alors je mets les bouchées doubles quand je rentre. Je n'ai plus le temps pour quoi que ce soit d'autre.

Souvent, chez moi, je repense au 18, rue des Fruitiers.

De jour en jour j'apprends à mieux connaître l'atmosphère de cette maison. Oh ! il ne se passe rien de plus que la première fois mais, peu à peu, je m'habitue à la grande pièce aux tableaux.

Quand j'attends que François descende, j'en choisis un et je l'observe de tout près et puis de plus loin. Je les connais tous maintenant.

Et toujours, j'ai l'impression de voir un grand navire appareiller vers un univers étrange.

Un jour, François m'a demandé si j'avais déjà pris le bateau et je lui ai raconté nos traversées Marseille-Alger-Marseille chaque été. Il me pose depuis des questions sur tout ce qui existe de différent de l'autre côté de la mer, mais moi, je n'aime pas raconter nos journées de là-bas. Je ne sais pas pourquoi.

Je reviens très vite à notre travail de classe.

J'essaie de parler un peu de ce qui se passe en cours mais François ne m'écoute plus. Il garde les yeux fixés sur un des tableaux de sa mère et ne dit plus un mot.

Est-ce qu'il m'entend ?

Parfois je suis découragée quand je rentre à la maison. Il ne m'a plus jamais reparlé de l'agression. Comment faire pour qu'il redevienne le François au sourire calme que j'aime tant ?

Sa mère a beau me dire qu'il faut du temps, je trouve que c'est long.

Au collège, Mme Luguet m'a demandé si tout allait bien et je l'ai rassurée du mieux que j'ai pu. Mais il ne parle jamais de revenir.

Je ne dis rien aux autres. À la fin des cours, je file le plus vite possible pour ne pas perdre une minute de là-bas.

Je me sens peu à peu moi aussi coupée en deux. Il y a mes visites à François, je les attends très fort comme s'il devait se passer quelque chose de décisif chaque fois. Et puis il y a le reste de ma vie : le collège, la maison, et cette partie-là me paraît grise.

Je ne suis contente nulle part et c'est triste à pleurer.

D'ailleurs, je pleure, sans raison.

Fatima m'a déjà surprise, dans la chambre, à verser des larmes silencieuses devant la fenêtre et elle s'est inquiétée :

– Qu'est-ce qui se passe, Samira ? Il y a quelque chose qui ne va pas depuis quelque temps. Tu peux me dire, tu sais, je suis là.

Elle avait retrouvé sa voix de quand on se disait tout.

J'avais envie de raconter. C'est trop lourd, un secret comme ça, et la peur qu'on découvre mon stratagème, et puis, bien plus terrible encore, la peur de ne pas réussir à ramener François à la vie comme avant. C'est bien trop difficile et j'ai peur de décevoir tout le monde : la mère de François et Mme Luguet et Marianne et surtout François.

J'ai peur de ne pas être à la hauteur.

Comme je n'ai rien répondu mais que mes larmes, je ne pouvais pas les empêcher de couler, Fatima m'a prise dans ses bras.

– Tu sais, tu seras toujours ma petite sœur chérie et quand je serai avec Kaddour, là-bas, après le mariage, je serai quand même tout près de vous. Ne t'inquiète pas. C'est pas parce qu'on se marie qu'on change de cœur, et ma famille, elle est ici.

Elle croyait donc que c'était pour ça que je pleurais ! J'ai préféré lui laisser croire et ne rien dire d'autre. Elle ne peut même pas imaginer que j'aie un secret.

Je n'ai pas le droit de raconter ce qui se vit là-bas. C'est comme si tout pouvait disparaître d'un seul coup si je le racontais.

Ça me fait peur et je me tais.

Le soir, en m'endormant, j'ai pensé que c'était pareil quand François me demandait de décrire comment c'était, chez ma grand-mère, de l'autre côté de la mer. Je ne peux pas parce que c'est comme si raconter allait tout faire disparaître : la grande maison aux trois cours, le puits où l'on craint les serpents en riant et en criant, l'enclos de Nabil le berger, les chèvres, les rires des femmes et surtout les mains toutes ridées, toutes douces que ma grand-mère pose sur mes cheveux souvent et qui apaisent ce que j'ai dans la tête.

Fatima a dû parler à Maman parce qu'elle me regarde d'un drôle d'air depuis. Elles m'entourent toutes les deux comme si c'était moi qui étais malade. Mais ce n'est pas moi. C'est un garçon tout seul, là-bas, dans sa chambre, qui s'appelle FRANÇOIS RODIER et qui ne sourit plus.

Et puis j'ai eu une idée. Puisque je ne peux pas raconter avec mes paroles ce qu'il a envie de savoir parce que j'ai peur – c'est bête mais c'est comme ça – que tout s'envole, eh bien, je vais lui écrire, à François ! Je vais lui écrire tout ce que j'aime de ce que je vis chez ma grand-mère et les soirées où l'on s'attarde autour des plats encore garnis de couscous et les histoires de *bazrour** que racontent les vieilles femmes, les histoires qui font une peur terrible et mes promenades toute seule sur les sentiers pierreux où je me raconte ce que je veux.

* *Bazrour* : fantôme.

Je vais lui dire les odeurs que j'aime et qui manquent, ici, dans la Cité des Quatre-Routes et puis les chants qu'on lance, comme ça, sans qu'il y ait de fête ni de radio ni de télé.

J'ai commencé tout de suite.

Comme je n'arrivais pas à me décider entre « François » trop sec, « Mon cher François », trop cérémonieux, j'ai choisi « Mon ami » et j'ai laissé courir mon stylo et je lui ai dit ma peur si bête que ma voix fasse tout s'enfuir. Les mots écrits, ça me rassure. Ça reste.

Et j'ai laissé mon cœur raconter toute la vie de soleil serrée entre les boucles de mes cheveux.

Quand j'ai eu fini, j'avais les tempes qui bourdonnaient et cinq grandes pages pleines d'écriture.

Je me suis sentie bien.

J'ai tout plié dans une enveloppe.

Je n'ai écrit ni nom ni adresse.

L'enveloppe est toute blanche, bien fermée.

Je la laisse toute la nuit entre les plis de mon pull brun, celui que je préfère, couleur des yeux de François, que je mettrai demain pour aller le voir.

Je me suis enfin endormie dans la paix et derrière mes paupières, c'était un grand et beau bateau qui m'amenait chez ma grand-mère.

Un bateau aux étranges lueurs, comme ceux que peint la mère de François.

Chapitre 11

Aujourd'hui, j'ai retrouvé le sourire. Tout me paraît simple. J'ai retrouvé l'espoir, la confiance. Tout ça parce que j'ai écrit quelques pages sur l'autre partie de ma vie ? C'est tellement important de confier mes mots à François ?

J'ai envie de danser en traversant la grande place vide du marché. Me voici à nouveau rue des Fruitiers. Je fais le chemin sans y penser maintenant, je le connais par cœur.

C'est François qui m'accueille dans la grande salle du bas mais il a l'air anxieux :

– Je t'attendais. Ma mère est partie acheter son matériel à Paris. Ça ne pouvait plus attendre.
– Tu es tout seul ?
– Oui.
– Ça va ?
– Ça va. Ça va mieux maintenant.

Et François vient de m'envoyer son magnifique sourire, celui que j'adore, que j'ai désespéré de revoir.
– Si tu veux, je fais le thé.

Il a acquiescé et je suis passée de l'autre côté du petit bar en bois. Je me retrouve entourée de bocaux transparents, de jolies boîtes aux couleurs vives. Pendant que je cherche le thé, j'entends la voix de François derrière moi.
– Je te remercie, Samira, de tout ce temps que tu passes avec moi...

Heureusement que j'ai le dos tourné. Je sais pas quoi dire. J'ai les mains qui s'agitent inutilement, qui prennent au hasard les objets. Je fais n'importe quoi pour ne pas me retourner.

La voix un peu moqueuse de François m'indique qu'il a déjà tout préparé sur le plateau.

Il a sorti ses affaires de classe et j'ose alors le questionner :
– François, tu reviendras bientôt au collège ?

Je m'en veux immédiatement. Le regard de mon ami s'est détourné. Il repart vers la fenêtre. Il soupire :
– Je sais pas...

Et il ajoute :
– Mon frère rentre demain.

Pas une seule fois, François ne lui a rendu visite à l'hôpital. Les deux frères vont donc se retrouver. Et face à Éric, François va devoir à nouveau affronter le souvenir, celui qui a laissé ses traces vives sur le corps d'Éric, sur son visage. Je sais à quel point sa mère craint ce retour. Je me sens prête à tout pour que François surmonte l'épreuve :
– François, je suis contente pour toi que ton frère rentre, et pour ta mère aussi. Bientôt, on aura tous oublié cette période si moche.
– Pas moi ! a soufflé François. Pas moi ! Moi, je ne pourrai jamais oublier. Jamais.

Il s'est levé brutalement et il est allé à la fenêtre. Je ne sais plus quoi faire. Alors, je murmure :

– François, moi je t'ai apporté quelque chose...

Et j'ai sorti mon enveloppe toute blanche gonflée de tous mes mots de soleil. Je l'ai posée sur la table près de son stylo.

– C'est pour toi. Promets-moi que tu liras ce qui est à l'intérieur seulement ce soir, dans ta chambre.

Il est revenu à la table. Il a pris l'enveloppe. Il a dit :

– O.K. Samira, je te le promets.

Et il s'est rassis.

J'ai su qu'il fallait, sans rien dire d'autre, reprendre notre travail, mais tout mon sang avait quitté mon cœur, loin, comme dans un bateau de glace.

Maintenant, le soir n'est plus si loin. À la maison, après l'excitation de la nouvelle du mariage, on a repris nos habitudes. À mon dernier contrôle d'anglais, j'ai eu 13 et mes parents ont été contents. Les cours express que me donne Marianne à la récré doivent faire leur effet ou mon acharnement à apprendre toute seule le soir, pour sauvegarder mes visites clandestines.

Les jumeaux jouent dans leur chambre. Maman et Fatima discutent à la cuisine et, pour une fois, je peux regarder les infos tranquille.

On ne parle plus du tout des manifs de lycéens. C'est comme si elles n'avaient jamais existé.

Mon père est venu, à sa façon silencieuse, s'asseoir sur le canapé, à côté de moi. J'aime bien qu'on se retrouve tous les deux, comme ça. J'ai à nouveau l'impression qu'il devine tout ce que je ressens.

J'aimerais tant lui parler, lui confier mes peines. Mais je sais que quelque chose au fond de lui reste fermé et que cela l'empêche d'être heureux vraiment. Alors je n'ose pas.

Un jour, je l'ai surpris à regarder des photos très anciennes, de quand il était petit, avec sa mère, son père qui est mort depuis longtemps, et toute sa famille devant le puits de la grande maison. Il a murmuré :

– Vous ne pouvez pas comprendre, vous, vous êtes nés ici.

Et je suis sûre qu'il y avait des larmes dans ses yeux.

C'est au moment où Fatima m'a appelée pour mettre le couvert que mon père a lancé un CHUT ! qui nous a laissées immobiles.

C'est dans ce silence que nous avons appris qu'en Algérie, bientôt, tout serait écrit en arabe, que la langue française allait disparaître des journaux, de la communication, de tout.

Ma mère, qui s'était avancée, s'est réjouie, et Fatima aussi.

– Il est grand temps, disent-elles, qu'on en revienne à la langue du pays.

Mon père n'a rien dit.

Moi, j'ai eu tout à coup le cœur serré. Alors, comment je ferai pour comprendre quand j'irai là-bas aux vacances puisque je ne lis pas l'arabe ?

Ma langue maintenant, c'est le français. Je serai vraiment une étrangère qui ne comprend rien. On ne voudra plus des gens comme moi. On les mettra à l'écart. J'ai le cœur gros.

Mon père, lui, ne s'est pas réjoui. Il a dit :

– Attendons que ce soit voté ! Et il a ajouté : Je ne suis pas sûr quc ce soit une bonne chose pour tous.

Fatima a continué à montrer sa joie en insistant : Kaddour avait bien eu raison de créer ses cours du mercredi. Comme ça, au moins, les petits de la Cité ne seraient pas des étrangers dans leur propre pays. Mon père a coupé net :

– Ce n'est pas en supprimant une richesse qu'on combat la pauvreté.

Quand il se met à parler par petites phrases qui sonnent comme des proverbes, à la façon de ma grand-mère, on sait qu'il vaut mieux se taire.

Fatima s'est tue, mais avant, elle a lancé en me regardant :

– Tu peux toujours venir et rattraper ton retard, Samira !

Je l'aurais giflée. Je n'ai pas répondu. À l'intérieur de moi grondait ma colère. Idiote, idiote et idiote, voilà ce que tu es, Fatima, avec tes airs supérieurs parce que tu te maries avec ton Kaddour ! Qu'est-ce que tu vas en faire de ta vie, toi ? Tu n'as même pas choisi de métier ! celui de ton mari te suffit. Cause donc, va ! et donne des leçons aux autres ! J'attendrai pas pour être libre, moi, quand je serai grande !

En allant me coucher je laisse ma colère s'apaiser en pensant que libre, je le suis déjà un peu, puisque j'ai un secret et que François, là-bas, dans sa chambre, doit lire mes mots. Pourvu qu'au moins, lui, les lise !

Mais est-ce que je suis toujours digne de ce pays que je décris à un étranger comme le mien ?

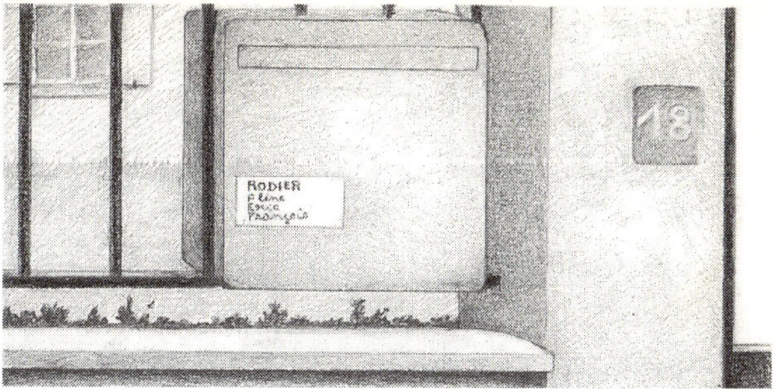

Chapitre 12

Rue des Fruitiers, une surprise m'attend : Éric est de retour et il se trouve dans la grande salle du bas avec François et sa mère lorsque je sonne au petit portail.

Mme Rodier a l'air radieuse. Elle semble si fragile à côté d'Éric. Il a encore de vilaines marques sur le visage et la cicatrice des points de suture qui tirent encore son sourcil droit. Mais il a le même sourire superbe que son frère et il m'accueille avec chaleur.

– C'est vraiment sympa, Samira, de venir aider François. Maman m'a raconté. Mais dis donc, les vacances à la maison, ça va être bientôt fini... Dès que je serai sur pied, on y retournera ensemble, au lycée, O.K. François ?

François ne répond que par un signe de tête qui peut être interprété comme on veut. La chaleur d'Éric ne l'a pas atteint.

Il se détache de la fenêtre et vient vers moi.

– On va travailler là-haut aujourd'hui, Samira.

Je suis François dans l'escalier. Sa chambre, je l'ai déjà imaginée cent fois, mais rien ne me vient plus pendant que je gravis les marches, toutes recouvertes d'un tapis vert foncé qui étouffe le bruit de nos pas.

J'ai le cœur qui bat fort.

C'est son univers que je vais découvrir.

Il ouvre la porte et me laisse entrer la première.

Je suis stupéfaite. Aux murs, d'immenses affiches qui ne représentent que le désert ou l'océan. La chambre en est entièrement tapissée. C'est un monde d'eau et de sable. C'est un rêve.

Je murmure :

– C'est beau.

Tout le reste de l'ameublement est très simple. Un lit bas en bois, un bureau, des étagères rudimentaires bourrées de livres, et, dans le coin, près de la fenêtre, un fauteuil de forme ronde, un bouquin, abandonné en pleine lecture.

Il doit en passer des heures à lire près de la fenêtre.

Je n'ose pas lui demander s'il a lu ma lettre ni ce qu'il en pense. Et s'il avait trouvé ça complètement nul ?

Il reste assis sur son lit, son classeur sur les genoux et moi je me suis assise au bureau.

Avant même que j'aie sorti mes affaires, il me tend une enveloppe qu'il sort du tiroir de son bureau. Une enveloppe bleue, sans nom ni adresse. Je souris. Je me sens toute légère d'un seul coup. Lui aussi, il a écrit. Il m'a écrit :

– Tu liras ça ce soir, dans ta chambre, d'accord ?

– D'accord, François.

Je la tiens un instant serrée très fort entre mes doigts avant de la glisser dans mon agenda.

Je ne pense plus qu'à cette lettre tout le temps de notre travail. Je ne savais pas que c'était si précieux, une lettre qui n'est que pour vous. J'en oublie complètement de me concentrer mais, de toute façon, je vois bien que François non plus n'a pas la tête au travail.

Il semble toujours guetter par la fenêtre. À la fin, je lance :

– Mais qu'est-ce que tu regardes toujours, par là ?

– J'ai peur qu'ils reviennent, parce qu'Éric est de retour.

Sa voix est sourde et elle me fait mal. Sans y penser, j'ai mis ma main sur celle de François.

– Ils ne reviendront pas. Ils auraient bien trop peur de se faire prendre, cette fois.

– Ils n'ont peur de rien ! Ils cognent et puis ils foutent le camp, c'est tout. Et personne ne fait rien.

Il a regardé ma main sur la sienne. Pour une fois, j'avais relevé les man-

ches de mon pull. Il m'a attrapé le poignet. Il a serré fort.

– Je voudrais les massacrer, tu sais.

C'est de la haine qu'il y a dans les yeux de François. Ça me fait mal.

Et ce soir, je suis là, dans ma chambre, couchée tôt, le plus tôt possible, pour être sûre d'être bien toute seule pour ouvrir la lettre de François.

« Samira,

Comment pourrais-je être l'ami de quelqu'un, moi qui suis plein de haine maintenant ? Je ne pouvais pas imaginer ce que c'était. Personne ne peut. C'est quand on voit le sang qui coule et des mecs qui rient qu'on sait ce que c'est. Je n'ai pas envie de t'écrire ça. Je voudrais te dire des choses que tu aimerais. Mais je n'y peux rien. C'est ça qui est là. Toujours. Entre moi et tous les autres maintenant. Je ne sais pas comment fait Éric pour rire et plaisanter. Moi, je ne peux pas. Pourtant, ce n'est pas moi qui ai pris. Mais je veux que tu saches qu'il y a eu une chose formidable pour moi : c'est ta lettre. Moi, d'un coup, j'ai été ailleurs, Samira, vrai-

ment ailleurs. C'est comme si je m'étais retrouvé tout seul, sur les chemins pierreux de la montagne derrière chez ta grand-mère, dans un endroit où rien de tout ça ne pourrait arriver jamais.

J'ai tout imaginé.

Jusqu'à maintenant, il n'y avait qu'avec les tableaux de ma mère que ça pouvait arriver.

Je voudrais te dire merci, Samira. Très fort, merci.

François. »

J'ai gardé la lettre serrée contre ma bouche et puis je l'ai mise sous mon oreiller pour dormir avec. Je me suis fait la promesse de ne pas me décourager. J'en ai encore des choses à écrire à François et ce pays qu'il aime, c'est mon pays. Oui, même si je n'y habite pas et que j'aime aussi le pays où je vis.

On peut toujours accueillir un ami dans son cœur. Le cœur aussi est un pays.

Chapitre 13

Nous continuons à nous écrire. Maintenant c'est un rite entre nous. Au début de chaque séance de travail, nous échangeons nos lettres. Celles de François sont toujours plus courtes que les miennes et jamais encore il ne m'a appelée son « amie ». Mais je ne me décourage pas.

À l'école, Marianne est la seule personne à qui je peux parler et ça me fait du bien. Je lui confie beaucoup de choses et elle m'écoute toujours, sans poser trop de questions. C'est précieux les gens qui savent arrêter leur curiosité.

Le contenu de nos lettres, je ne le

livrerai jamais à personne. J'ai trop peur de voir s'évanouir les choses parce que je les aurai dites. Je garde notre secret.

Je transporte toujours toutes les missives de François avec moi pour être sûre qu'on ne mette pas la main dessus à la maison. Et puis c'est vrai que j'aime les sentir dans mon cartable, à l'improviste, quand je glisse ma main pour chercher un livre ou un classeur.

Tout de suite, ça me fait penser à la maison là-bas, et à ce bonheur quand j'y suis.

Parfois je me demande comment ce sera quand François sera revenu. Je n'irai sans doute plus jamais chez lui. Ça me fait vide de penser qu'il n'y aura plus que l'école et ma maison.

Maintenant, j'ai pris goût à mon aventure.

Éric a été entendu par la police et relâché. Il n'a jamais rien volé. Il a seulement refusé de se désolidariser d'une bande de jeunes de la Cité qui ont perdu tout contrôle quand les casses ont commencé. Il avait eu beau leur parler, ils ne l'écoutaient plus. Eux, c'était leur misère et la ruine de tout leur avenir qu'ils brandissaient à coups de barre de fer. Éric a préféré rester avec eux et parler pour eux à la télé. Il a voulu montrer qu'il n'y avait pas que des « Beurs » dans ces bandes. C'est ce qu'il a payé cher par la suite.

François me raconte dans une de ses lettres que quelques jeunes de la manif à qui Éric avait parlé viennent le voir régulièrement rue des Fruitiers. Sa mère essaie de comprendre et de discuter avec eux. Elle s'acharne à leur démontrer à quel point la violence, le pillage, ne servent qu'à retourner l'opinion publique contre eux. Mais ils ont déjà tellement l'impression que les jeux sont faits, que l'opinion est faite... ! Éric et sa mère continuent longtemps à discuter après que les jeunes sont partis. Ils cherchent quoi faire. François les écoute.

« Moi aussi, François, je me demande quoi faire. Entre ceux qui pensent qu'on ne peut rester fidèles à son pays qu'en revendiquant la tradition et ceux qui refu-

sent de nous considérer simplement parce qu'on est arabes, comment savoir quel chemin prendre ?

Est-ce qu'on ne peut pas être arabe et libre en France aujourd'hui ?

Je n'ai pas envie de cacher d'où je viens. Je suis fière d'appartenir à un peuple qui a inventé les chiffres, qui a construit des monuments magnifiques, qui a permis d'aller si loin dans l'art de la musique, de la calligraphie, de l'astronomie, de la navigation, et qui a apporté tant de choses qui servent à tous aujourd'hui. On dit des « races ». On dit encore des races. Un jour peut-être on ne le dira plus, peut-être seulement on parlera des gens et ce sera doux.

C'est en cours d'histoire que j'ai appris avec émerveillement tout ce que mes ancêtres avaient fait de beau et j'ai été fière, oui.

Le reste, la violence, les guerres, je n'en suis pas fière, exactement comme tous les autres jeunes du monde. Moi aussi, je voudrais la paix et le bonheur partout. Je voudrais qu'on puisse apprendre et apprendre encore, tranquillement, pour rendre la vie plus belle avec ce qu'on aura appris. Tout le monde doit avoir envie de ça, non ?

Même si on vient de pays différents.

Maintenant, en plus de mon pays de soleil, j'aime la France et j'aimerais la connaître mieux encore, la visiter. Mais pas si je vois écrit sur les murs "MORT AUX ARABES" ou si j'entends "Ils n'ont qu'à retourner chez eux ». On ne prend le pain de personne. Mon père, il travaille dur pour qu'on puisse vivre, toute la famille, sans manquer du nécessaire. Et moi, plus tard, je travaillerai aussi et j'apprendrai à mes enfants à respecter toutes les cultures et à aimer. Voilà !

Tout ça, je viens de te l'écrire pêle-mêle, comme c'est venu, François. Il vaut mieux que je ne relise pas.

J'ai des larmes qui coulent parce que j'ose enfin écrire ce qui me tourmente. Oui, c'est à toi, un Français, que je l'écris, parce que chez moi, on ne veut pas savoir que cette peine existe. On vit comme si de rien n'était. Et moi, je n'en peux plus.

Ô François, François, est-ce que toi, tu peux m'aider ? Un peu ?

Je me sens si seule quelquefois, si désemparée. Je ne sais plus ce que je dois défendre. Ce serait tentant de faire comme Fatima, ma sœur. Elle n'a pas de souci. Elle a choisi un côté, un seul. Elle fera ce que Kaddour lui demande. Elle va l'aider, dès qu'ils seront mariés, aux cours d'arabe du mercredi. Elle travaille dur pour progresser et en être capable. Pour lui, elle fait des efforts qu'elle n'a jamais faits au lycée. Et avec le sourire. Parce qu'elle y croit. C'est vrai que je l'envie quelquefois de l'espèce de tranquillité dans laquelle elle vit. Elle a choisi la tradition.

Moi je rêve d'être libre, de voyager, d'être indépendante, d'être reporter pour les journaux. Si un jour j'épouse un garçon, ce sera pour qu'il soit mon vrai compagnon, un égal, pas un maître. Personne n'a le droit d'être le maître de quelqu'un d'autre.

Est-ce qu'il y en a des filles comme moi, dans mon pays, là-bas, avec les mêmes rêves ? Et que font-elles pour être heureuses ? Est-ce qu'il y a des parents qui les écoutent ?

Excuse-moi de ne pas t'avoir fait rêver ni voyager cette fois dans ma lettre, François, mais c'est tout cela que j'avais à écrire aujourd'hui. »

Quand j'ai plié ma lettre et que je l'ai glissée dans l'enveloppe, j'avais les doigts qui tremblaient encore. C'était si important que François me comprenne !

Cette nuit-là, je suis restée longtemps les yeux ouverts à regarder la nuit au plafond de ma chambre.

Chapitre 14

J'ai attendu jusqu'à la fin de la semaine la réponse de François. À force de réduire le temps que j'ai du mal à partager avec ma famille maintenant, je passe de plus en plus d'heures au travail. Au fur et à mesure, j'y prends goût et c'est moi qui m'attarde à chercher des documents sans qu'on me les demande.

Ça doit être bien une bonne bibliothèque tout près de chez soi.

Celle des Quatre-Routes, ce n'est pas une vraie. Elle n'ouvre que deux fois par semaine parce qu'ils manquent de personnel.

Le mercredi, c'est trop bruyant, on peut pas être tranquille et la fille qui s'occupe des fiches – toute seule pour tout faire – n'a pas le temps de répondre à mes questions. Je suis un peu perdue quelquefois. J'aurais besoin qu'on m'aide.

Le vendredi, c'est mieux. Je peux bien regarder les livres avant de choisir.

Fatima dit que je lis au-dessus de mon âge parce qu'elle m'a vue avec *Le Rouge et le Noir* de Stendhal. C'est Marianne qui m'en avait parlé et moi, j'avais envie de prendre un gros livre, épais, lourd, un vrai livre, même si quelquefois je me perds un peu dans les phrases. J'aime bien rester longtemps dans la même histoire, plein de soirs de suite. Quand je vais me coucher, il y a les lettres de François et le livre. Il n'y a pas d'âge pour ça.

François aussi m'a parlé de ses lectures. Il en dévore des bouquins, assis devant sa fenêtre, depuis que tout a commencé. Il lit des auteurs que je ne connais pas, des Américains, que lui prête Éric. Il dit que c'est très fort, très violent, mais qu'il aime ça. Et puis à côté il lit aussi du Jules Verne. Ça m'a étonnée. Ça fait cnfant, un peu démodé, mais quand il me raconte *Le Voyage au centre de la Terre*, c'est tellement passionnant que j'ai envie de le lire.

La mère de François m'a dit à ma dernière visite que François recommençait à prendre part aux conversations à la maison, comme avant, avec elle et son frère.

Je suis contente et en même temps j'ai comme un petit pincement quand je les imagine tous les trois, tranquilles, à discuter. Sans moi.

Et puis à la fin de la semaine, il m'a tendu son enveloppe bleue gravement. Je l'ai serrée entre mes mains longtemps.

À la maison, le soir, je l'ai regardée longtemps pour aider les mots, à travers l'enveloppe, à être bien ceux que j'aimerais lire. Je savais que, pendant tout le week-end, je la relirais.

J'ai repoussé ma mèche et je me suis installée à « mon bureau ». Maintenant, j'ai une petite table rien que pour moi dans la chambre. C'est une table en Formica que Maman a récupérée chez une voisine. Elle l'a recouverte d'une pièce de tissu rouge foncé de chez nous et c'est devenu « mon bureau ».

Je suis fière quand je m'installe à « mon bureau ». J'aime dire le mot dans ma tête. Je peux enfin travailler au calme dans la chambre, seule.

Fatima a rangé déjà toutes ses affaires dans des petits cartons du supermarché qu'elle numérote. Elle inscrit le contenu sur des étiquettes. C'est comme si elle était déjà ailleurs.

Je commence à être contente de pouvoir avoir un lieu à moi, rien qu'à moi.

La lettre de François sous les yeux, à plat sur le tissu rouge, j'apprécie encore plus mon isolement. J'ai ouvert l'enveloppe. J'ouvre toutes les enveloppes de François de la même façon, en les décollant, sans jamais les déchirer. Ça met plus de temps mais j'aime ça.

Pourtant, cette fois, j'étais si impatiente. Et je lis...

« *Mon amie,*

Ne t'excuse pas de ne pas m'avoir fait voyager. Il n'y a pas que le voyage et le rêve. Tu as bien fait de me le rappeler, à ta façon.

Moi aussi je voudrais te dire certaines choses. Quand les types nous ont attaqués, c'est parce qu'Éric avait essayé de défendre "Les Casseurs". Et les casseurs, pour eux, c'était tous de "sales Arabes". Excuse-moi, Samira, de te faire lire ces mots mais c'est ce qu'ils répétaient en cognant sur Éric et il y en a un qui a ajouté "T'as qu'à t'barrer avec eux !" Voilà.

Jusqu'à présent pour moi, le racisme, c'était surtout à la télé, pas ici, comme ça. Nous, on vit bien, tous ensemble.

Pendant tout ce temps qui s'est écoulé depuis qu'on a été attaqués, Éric et moi, j'ai ressenti une violence que tu ne peux pas imaginer : terrible. Je crois qu'il n'y a que ma mère qui s'en est rendu compte et ça lui faisait de la peine mais j'avais tellement l'impression qu'on ne pouvait rien faire, rien, que ça me rendait enragé.

C'est vrai que j'ai éprouvé de la haine et que ça fait peur de sentir ça tout au fond de soi.

Mais depuis ta lettre, c'est différent. J'ai envie de me battre, Samira. En vrai. Pas en cognant sur des types à sept sur deux, même sur des fachos. Parce que moi, je veux me battre proprement. Je ne sais pas encore comment. Mais je trouverai. C'est pas avec les poings. Comme dit Éric.

Je veux me battre pour tous les gens comme toi, Samira, qui ont le droit, oui, de vivre libres. Tu m'as aidé en m'apportant le travail, en me parlant, en m'écrivant. Mais c'est encore bien plus que ça. Tu dois le sentir aussi.

Avec la lettre que tu viens de m'écrire, tu m'as permis de comprendre autrement ce qui s'était passé, de la comprendre vraiment, cette agression, d'en être fier.

Ces mecs, ils nous ont attaqués, parce qu'ils ne veulent pas que nous, des Français, on s'y mette vraiment, à comprendre, à aider. Mais je n'ai plus peur, Samira. Je suis révolté, très très fort, ça oui. On n'a pas le droit d'interdire aux gens de se comprendre et de s'aimer. Ce n'est pas humain. Tu as raison : Personne n'a le droit d'être le maître de quelqu'un.

Continue, Samira, tu as bien raison, tu sais, et tu ne trahis personne. Tu as bien le droit d'aimer deux pays. Ça doit être comme ça aussi quand on a deux enfants. On n'aime pas moins le premier parce qu'on se met à aimer le deuxième, c'est ce que dit ma mère. On ne trahit pas.

Je suis sûr qu'un jour, tu seras une grande journaliste. Je suis sûr que tu y arriveras.

Lundi, tu me verras au collège, Samira. C'est fini de rester assis devant ma fenêtre.

C'est une bonne surprise, non ?

Ton ami, François »

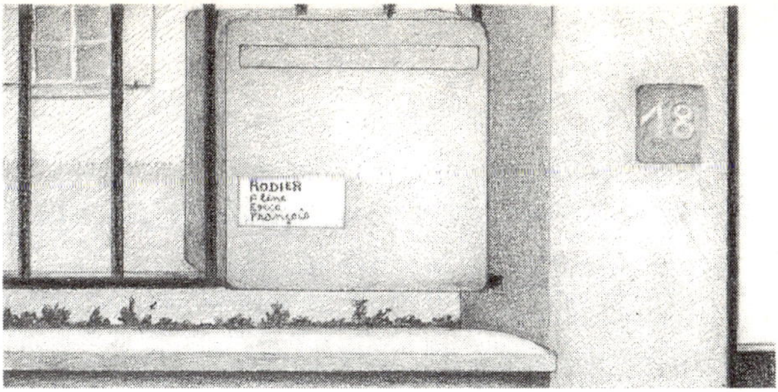

Chapitre 15

Oui, ç'a été une bonne, une merveilleuse surprise ! François était là.

Il m'attendait devant la grande porte de bois foncé et jamais je n'ai été aussi heureuse que quand j'ai reconnu son blouson en jean avec l'écusson bleu foncé sur le côté.

Je crois qu'on n'a pas réfléchi, la bouche de François s'est posée juste au coin de la mienne et j'ai senti que je rougissais à toute allure.

J'avais envie de crier de joie.

Il m'a prise par la main pour rentrer au collège et j'ai été terriblement fière.

J'avais l'impression qu'on rentrait de

la guerre, comme dans les films. C'est bête, hein ? Et pourtant c'était ça.

Plus besoin de mettre mon cartable sur la chaise pour que ça ne fasse pas trop vide à côté de moi.

Plus besoin de glisser ma main à l'intérieur pour sentir ses lettres. Il était là. Et je le savais sans avoir besoin de le regarder.

J'ai passé cette journée comme dans un rêve. On s'est tenu la main partout : à la cantine et à la récré. J'étais heureuse.

C'est seulement à la sortie que je me suis rendu compte que ça s'arrêtait là. Plus question d'aller faire ma visite rue des Fruitiers. Il fallait qu'on rentre, chacun chez soi : lui, là-bas, dans sa belle maison et moi, dans ma tour, au milieu de la Cité.

Les Quatre-Routes, c'est pas toujours du même côté.

Mais il s'est planté devant moi.

– Tu viens Samira, c'est la surprise,

Maman a préparé un goûter spécial pour fêter mon retour au collège. C'est toi l'invitée d'honneur.

Il était rayonnant. Il avait gardé son secret toute la journée, et moi je n'ai pu que répondre, d'une voix qui s'étouffait :

– J'peux pas.

– On téléphonera à tes parents de chez moi ou on passe en vitesse les prévenir tout de suite si ça t'inquiète. D'ailleurs, ma mère aimerait bien les rencontrer, tu sais ?

Tout mon cœur s'effondre dans ma bouche comme un château de mauvais sable.

Je n'ai jamais rien dit à François ni à sa mère. Je n'ai jamais parlé de l'interdiction de mon père. S'ils savaient que j'ai dû tout faire en cachette ! et que maintenant, c'est fini. Mes résultats sont meilleurs et ma mère commençait déjà à trouver que je pourrais supprimer les cours avec Marianne et repasser prendre les petits à l'école primaire. J'ai accepté ce matin puisque maintenant François n'a plus besoin de moi.

J'ai tout caché à tout le monde. Personne ne peut m'aider. Je suis toute seule toute seule.

Et maintenant, qu'est-ce que je vais faire devant la tête de François qui attend, souriant ?

Je sens une grosse boule qui m'étouffe. C'est pas juste ! c'est pas juste ! Comme quand j'étais petite, toute petite. J'ai les larmes qui arrivent et j'ai envie de crier : c'est pas juste !

– Eh ben, Samira, qu'est-ce qu'il y a ?

Je murmure à peine :

– Y a rien.

Et je m'en vais.

En courant. En évitant à peine les autres avec leur cartable sur le dos. Je cours et je ne vois plus rien. Je ne sens plus rien. Je cours. Il faudrait ne jamais m'arrêter. Je passe les grilles de la Sécurité sociale, je continue, je n'ai plus de souffle.

J'arrive dans le coin de mes immeubles. Je m'affale sur une borne. J'ai un point de côté et pas de mouchoir. Je n'en peux plus.

Je ne m'en sortirai jamais et à l'heure qu'il est, François doit se dire que je suis dingue. Je ne pourrai jamais lui expliquer. J'ai trop honte. Trop honte. J'ai tout gâché parce que je n'ai jamais osé parler à mon père, à ma mère. Et maintenant, c'est bien trop tard.

Je respire à fond. J'ai des sanglots secs qui me secouent, qui me font mal au ventre. J'ai mal à la tête.

C'est comme ça que me retrouvent Djamel et Farid.

– Eh ! tu devais passer nous prendre à l'école !

– Ah oui !... j'ai oublié... j'avais plus l'habitude.

– Mais, qu'est-ce que t'as ? T'as pleuré ?

Le petit museau de Farid s'est déjà posé sur ma joue. Il m'embrasse en me prenant par le cou et ça me donne encore plus envie de pleurer.

– J'ai eu très mal à la tête en cours et je me sens pas très bien.

J'essaie de ne rien montrer mais c'est si difficile.

– Viens. On va te porter ton cartable.

Et mes deux petits frères très gravement me relèvent. Pour une fois, j'ai vraiment l'impression que c'est eux qui me tiennent par la main.

Je suis leur grande sœur, surtout maintenant que Fatima va partir. Il faut qu'ils puissent compter sur moi. Je me répète ça tout en avançant.

J'ai le cœur qui soupire fort.

Et eux, quand ils seront grands ? Qu'est-ce qu'ils feront ?

Ils ont sept ans, moi, presque le double.

Qu'est-ce que ce sera pour eux quand ils auront treize ans ?

Je me sens grande et fatiguée à marcher avec chacun d'eux à mes côtés. Je me sens responsable pour eux aussi.

Je ne suis pas un bon exemple.

Si seulement j'arrivais à parler à mes parents, pour eux aussi plus tard.

Je fais un effort pour leur sourire avant qu'on rentre.

– Ça va mieux ? demande Djamel.

– Oui, t'inquiète pas, ça va mieux.

Et Farid ajoute :

– Moi, je préfère quand c'est toi qui viens nous chercher.

– Moi aussi ! a fait en écho la petite voix de Djamel.

Chapitre 16

Quand j'ouvre la porte, le téléphone arrête juste de sonner. Fatima a décroché.

– C'est pour toi, Samira.

À part Marianne, je n'ai jamais de coup de fil. Elle me regarde d'un drôle d'air. Les petits sont allés rejoindre ma mère à la cuisine pour goûter. Je me suis approchée. Elle m'a passé l'appareil.

J'ai eu du mal à entendre la voix de François :

– Allô ? Samira ?

C'est comme quand on court très vite

et qu'on ne sent plus que l'air dans les oreilles...

– Écoute, j'ai rien compris tout à l'heure. Mais pourquoi t'es partie comme ça ? Qu'est-ce qui se passe ? J'ai fait quelque chose ? J'sais pas moi...

– Non non, c'est moi... c'est seulement moi.

J'ai respiré bien fort pour retrouver toute ma voix.

– C'est moi, François. Il faudra que je t'explique. C'est difficile... voilà : j'ai tout caché à mes parents. Ils n'ont jamais su ce que je faisais après l'école.

– Quoi ?

– Je te promets que demain, je te dirai tout. Je sais pas ce que je vais faire ici. Je sais pas si je vais arriver à leur dire. Je suis désolée, tu sais, François, pour ta mère qui avait tout préparé. J'aurais tellement voulu y aller, moi, mais je peux pas. Et toi, tu peux pas venir chez moi. Explique-lui. Faut pas m'en vouloir.

– Mais pourquoi, Samira ? Pourquoi tu leur as pas dit, à tes parents ? C'était rien de mal, ce que tu faisais. Tu venais chez moi pour m'apporter le travail. Tu m'as

aidé. Tu traînais pas. C'est pas n'importe où, chez moi. Je comprends pas.
– Tu peux pas comprendre parce qu'il faudrait que je t'explique et là, je peux pas. Mais je te promets, François, je te dirai tout demain.

Et j'ai ajouté très bas :
– Dis-moi que tu m'en veux pas.

Il a attendu un moment qui m'a paru si long et :
– Je te promets.
– Merci. À demain, François et excuse-moi encore auprès de ta mère s'il te plaît.
– D'accord, Samira. À demain.

J'ai raccroché et je me suis assise. C'est seulement alors que j'ai vu que Fatima n'avait pas quitté la pièce. Elle était debout à la porte.
– Qu'est-ce que c'est que cette histoire, Samira ?

Oh non ! c'est pas vrai ! elle avait tout écouté !
– Alors ?

C'était fichu. Au point où j'en étais, j'ai relevé la tête et j'ai dit :
– C'est François Rodier.

– Ça, j'avais compris. Mais qu'est-ce que tu as caché, Samira ?

Comme je ne répondais rien, elle m'a entraînée vers la chambre.

– Allez viens ! tu vas me raconter tout ça.

On s'est installées chacune sur notre lit, face à face.

– Qu'est-ce que tu faisais après l'école ? Allez ! dis-le ! De toute façon, faudra bien que tu le dises.

J'ai à peine hésité. J'étais tellement bouleversée ! J'ai tout raconté en désordre : ma conversation avec Mme Luguet, le plan de Marianne, mes visites rue des Fruitiers. J'ai raconté le grand voilier dans la glace et toutes les questions de François sur notre pays, nos lettres et toutes les questions que je me posais, moi, sans avoir de réponse, jamais.

Et Fatima ne m'a pas interrompue. Elle a seulement haussé les sourcils quand j'ai évoqué son trousseau que je trouvais ridicule au milieu de tout ça.

Tout en parlant, sans rien pouvoir y faire, je pleurais.

À la fin, quand je me suis tue, elle a dit :
– Pourquoi tu n'as jamais parlé de tout ça ? Pourquoi tu n'as rien dit, même à moi ? C'est pas bien d'avoir tout fait en cachette. Tu faisais rien de mal...

Elle ne criait pas. Elle ne rameutait pas toute la maison. Alors, j'ai osé :
– Comment voulais-tu que je t'en parle ? Toi, tu ne pensais qu'à ton mariage de toute façon, à ton installation. Y avait que ça qui comptait. Et puis t'as quitté le lycée, tu veux plus rien faire. Tu veux vivre comme les vieilles de là-bas. Pas moi ! Moi, j'ai l'impression d'être une étrangère !
– Fais attention à ce que tu dis, Samira ! Tu peux pas être une étrangère dans ta propre famille. Faut pas dire ça ! Et j'aimerais bien savoir pourquoi faire une famille comme on la faisait chez nous, ce serait mal.
– Parce qu'on est plus chez nous ! Tu vois pas comment ils vivent, les autres ? T'as pas envie de changer, un peu ?
– Tu trouves qu'ils ont l'air si heureux ?

J'ai murmuré :

– Dans la famille de François, oui, au moins ils peuvent discuter avec leur mère. Moi, c'est comme ça que je voudrais que ce soit plus tard, pour moi.

Et puis j'ai ajouté tout bas :

– J'ai pas envie qu'on se dispute.

Elle m'a dit, avec sa voix que j'aime bien :

– Moi non plus, idiote !

Et je suis allée m'asseoir sur son lit, contre le mur, comme on faisait avant tout ça, quand on se racontait tout.

Il y avait des gros morceaux de glace qui commençaient à fondre dans ma poitrine. Alors on pouvait se parler toutes les deux, même si on n'était pas d'accord. J'avais le cœur tout doux. Je pouvais confier mes secrets, chez moi, à quelqu'un.

– Fatima ?

– Oui...

– Je l'aime, tu sais.

Elle a ri doucement :

– Ça, je m'en étais rendu compte... mais tu vois, moi, je pourrais pas aimer quelqu'un qui ne soit pas de chez nous. C'est comme ça. Kaddour, je me sens chez moi avec lui. Moi j'ai besoin de lui pour me sentir bien. Toi, tu veux être libre et tout ça, tu veux tout changer, mais, et ton amour là-dedans, qu'est-ce que t'en feras ?

Cette fois, c'est moi qui ai ri doucement :

– Je suis sûre qu'on peut aimer et être libre à deux, sans qu'il y en ait un qui commande à l'autre. J'en suis sûre.

Elle a eu l'air sceptique.

– Et ton François Rodier, tu crois qu'il t'aime ?

– Oui.

De dire oui, j'avais le sourire de François qui me revenait dans la tête, dans le cœur, immense et j'ai senti une grande grande joie tout au fond de moi.

– Mais tu crois qu'il t'aime comme tu veux ?

– Oui. J'en suis sûre.

– Alors, c'est bien.

Elle m'a tendu un mouchoir de son trousseau.

– Tiens ! essuie tes yeux et garde-le. C'est pour la chance. Tu en auras besoin.

Chapitre 17

Depuis ce soir-là, avec Fatima, on parle tous les jours avant de s'endormir.

Je lui ai raconté comment François avait failli se vexer, le lendemain, quand je lui avais parlé :

– On n'a pas la peste ! avait-il lancé en haussant les épaules.

Je lui avais pris la main.

– C'est pas ça, François !

Et j'avais expliqué longuement la sévérité de mon père, notre façon de vivre.

J'avais su qu'il ne m'en voulait plus quand il avait lui-même ramené en arrière la mèche frisée qui me retombe toujours sur le front.

On s'était longtemps regardés.

Et un soir, peu de temps après, on a eu l'idée du plan avec Fatima, quand on a appris l'expo de la mère de François pour l'inauguration de L'Espace des Quatre-Routes.

L'Espace des Quatre-Routes, c'est un lieu tout neuf pour les gens de la Cité. On n'y croyait pas mais la mairie a ouvert ce lieu magnifique pour nous tous. On pourra y avoir toutes sortes d'activités, et même un ciné-club et peut-être l'organisation de voyages. C'est une grande grande nouvelle, surtout pour les jeunes.

Il va y avoir des affiches avec le bateau dans la glace en photographie et le nom d'Aline Rodier partout dans la Cité.

Alors, on a décidé d'emmener nos parents à l'inauguration, pour qu'ils voient bien que la famille Rodier est une famille digne.

Je voudrais tellement pouvoir retourner voir François sans avoir à me cacher. C'est ce qu'il veut lui aussi. Alors, en attendant, nous nous voyons seulement au collège.

J'espère tant dans notre plan.

Fatima a été super. Je n'aurais jamais cru qu'elle aurait pu m'aider autant.

C'est elle qui s'est mise à parler de la famille Rodier à la maison. La première fois, mon père a froncé les sourcils et ma mère a baissé la tête comme si elle n'entendait pas. Mais Fatima a continué. Depuis l'annonce de son mariage, elle a plus de poids à la maison quand elle parle. C'est presque comme ma mère ou ma tante Zorah.

Elle a dit qu'Éric Rodier et son frère avaient été agressés parce qu'ils avaient soutenu des gens comme nous.

Mon père a fait :

– Comment ça, des gens comme nous ?

– Des Arabes, Beba.

– Il a soutenu les Arabes, ce garçon, en cassant les vitrines ?

– Il n'a pas cassé de vitrines. Il a voulu les empêcher, ceux qui cassaient, mais personne ne l'a écouté. Il a parlé pour les autres.

Mon père a marmonné :
– Peut-être, peut-être.
Et on a parlé d'autre chose.

Moi, le soir, j'ai embrassé Fatima très fort. C'était un début. Et elle a continué.

Pendant deux mois, on a préparé le terrain. On a reparlé des Rodier. C'était toujours Fatima qui lançait la conversation sur eux. Jamais trop longtemps à la fois. On avait dit que la mère de François peignait de très beaux tableaux et qu'elle allait exposer pour la fête de l'Espace.

On a fini par les décider à nous accompagner. Il y aurait aussi Kaddour. Fatima m'a promis qu'elle ne lui avait rien dit. C'est notre secret de « Deux Sœurs » et personne n'a le droit de savoir.

Le jour de l'expo, j'étais anxieuse. Et si, au dernier moment, ils n'avaient plus envie de venir. Eux, ils ne sortent jamais. Mais on a eu de la chance. Cette semaine-là, mon père a su qu'il avait enfin le poste qu'il désirait depuis longtemps.

Maintenant, il organise les livraisons de la maison où il travaille et ce n'est plus lui qui porte les colis. Il gagne plus d'argent et il sera moins fatigué quand il rentrera le soir. Mais surtout, pour lui, c'est une grande victoire parce qu'il a la confiance des gens et qu'il est arabe. Il est fier.

À l'expo, mes parents sont restés debout, longtemps, devant le grand voilier des glaces. Ils ne disaient rien. Ils regardaient. Et moi, ça m'a fait du silence dans le cœur et du bien, parce qu'eux aussi, ils le regardaient. J'ai été heureuse. Ils sont allés voir la mère de François qui s'était approchée de nous et ils lui ont dit, timidement, que c'était beau. Je n'avais jamais vu mon père ému et intimidé devant une femme.

La mère de François savait comme c'était important pour nous, François lui avait tout raconté. Elle a souri et elle est restée là, un grand moment, à leur parler, comme elle sait le faire, doucement, de sa peinture.

C'est le soir même que Fatima a lancé, d'un ton désinvolte :
– Il faudrait un cavalier à Samira pour le mariage mais attifée comme elle est, je me demande qui elle trouvera !

J'ai senti que c'était le moment pour moi. Le moment d'oser :
– Je pourrais peut-être demander à François...

Le ciel était suspendu au-dessus de ma tête. Mon père, sans me regarder, a dit alors d'une voix claire :
– C'est une bonne idée. Invite aussi sa famille, ma fille. Sa mère est une femme de bien.

J'ai eu le cœur qui a dû arrêter de battre. Je me suis levée et j'ai embrassé mon père, sans réfléchir, et puis tout le monde à table. Les jumeaux ont tapé avec leur couteau sur leur verre, comme à la cantine. Fatima souriait. Ma mère a soupiré :
– Eh bien, elle a enfin l'air contente, notre Samira !

Et elle a grondé les petits en riant aussi.

Épilogue

Au mariage de Fatima, François ne m'a pas quittée une seconde.

Plusieurs fois, j'ai surpris le regard de mon père sur nous. Ce n'était pas un regard comme d'habitude. Il était grave, mais pas sévère.

On a fait la fête comme chez nous et Maman expliquait tout ce qui se passait à la mère de François.

Ça me faisait drôle de les voir discuter et rire toutes les deux ensemble.

C'est seulement au moment de partir, avant de rentrer rue des Fruitiers, que

François m'a dit tout bas les mots que moi, j'attendais. On était tout seuls en bas de l'immeuble. On voyait nos fenêtres éclairées et on entendait encore la musique de chez nous. Les autres descendaient.

Il m'a pris la main et il a promis :

– Un jour, nous irons en voyage là-bas, ensemble. Je veux y aller avec toi.

Moi, je suis sûre que nous le ferons.

Et j'ai su, ce jour-là et pour toujours, que même avec Quatre-Routes, on peut découvrir un chemin.

l'Atelier du Père Castor présente

la collection Castor Poche

La collection Castor Poche vous propose :

- des textes écrits avec passion par des auteurs du monde entier, par des écrivains qui aiment la vie, qui défendent et respectent les différences ;
- des textes où la complicité et la connivence entre l'auteur et vous se nouent et se développent au fil des pages ;
- des récits qui vous concernent parce qu'ils mettent en scène des enfants et des adultes dans leurs rapports avec le monde qui les entoure ;
- des histoires sincères où, comme dans la réalité, les moments dramatiques côtoient les moments de joie ;
- une variété de ton et de style où l'humour, la gravité, la fantaisie, l'émotion, la poésie se passent le relais ;
- des illustrations soignées, dessinées par des artistes d'aujourd'hui ;
- des livres qui touchent les lecteurs à différents âges et aussi les adultes.

Un texte au dos de chaque couverture vous présente les héros, leur âge, les thèmes abordés dans le récit. Vous pourrez ainsi choisir votre livre selon vos interrogations et vos curiosités du moment.

Au début de chaque ouvrage, l'auteur, le traducteur, l'illustrateur sont présentés. Ils vous invitent à communiquer, à correspondre avec eux.

CASTOR POCHE
Atelier du Père Castor
4, rue Casimir-Delavigne
75006 PARIS

373 **Le Testamour (Senior)**
par Marc Soriano

En 1978, Marc Soriano est tombé gravement malade. Les textes rassemblés ici sont la correspondance qu'il échangea de son lit d'hôpital avec deux de ses filles. Magnifique dialogue poétique à trois voix, réflexions sur la vie, l'amour et la mort.

374 **Noria (Senior)**
par Jacques Delval

Un manège dans la tête : Médéric se sent responsable d'un accident survenu sur le manège où il travaille l'été. Il doit fuir loin, très loin, fuir pour se faire oublier...
Noria : Noria aperçoit tracé sur une glace sans tain, son prénom qui s'étale en arabesques folles. Qui a taggué ainsi son prénom ? Serait-ce un message de son père dont elle ignore tout ?

375 **Zita Sol**
par Simone Balazard

Zita Sol habite Paris avec sa mère, critique de rock. Lorsque son père américain vient lui rendre visite, ils parcourent la capitale. Zita décide de rencontrer les habitants de sa tour du XIIIe arrondissement et pour cela organise un club littéraire...

376 **Le chemin de Clara**
par Marie-Sophie Vermot

Clara, dix ans, est une fille unique choyée. D'origine brésilienne, elle a été adoptée bébé. Aussi lorsque son père lui annonce que, contre toute attente, sa maman attend un enfant, elle le prend très mal. Heureusement que Simon, lui aussi adopté, l'aidera à comprendre que ses parents l'aimeront toujours autant.

377 **Le rosier blanc d'Aurélie (Senior)**
par Anne Pierjean

Eulalie, la jeune belle-fille de la ferme des Ronciers, a bien du mérite pour supporter avec le sourire son beau-père, l'Alexandre, veuf acariâtre, à moitié paralysé de surcroît. Mais pourquoi est-il ainsi, quels regrets le taraudent-ils à ce point ? Eulalie avec amour et patience ramènera la joie de vivre à la ferme.

378 **La cadillac d'or (Senior)**
par Mildred D. Taylor

Trois nouvelles qui font renaître de façon très vivante la vie des enfants noirs du sud des États-Unis aux alentours de la Seconde Guerre mondiale. Comment faire reculer l'intolérance ? Comment vivre sa différence ? Ces trois nouvelles sont écrites dans la langue de tous les jours, simplement, sincèrement.

379 **Les champions de l'île aux Tortues**
par Gery Greer et Bob Ruddick

Scott et Pete ont obtenu la permission de camper sur une île déserte. Oui, mais voilà ! lorsqu'ils abordent leur fief, ils découvrent qu'ils ne sont pas les premiers. Deux filles de leur âge y campent déjà. C'est trop ! La lutte pour la conquête du territoire sera impitoyable...

380 **La folle poursuite**
par Hugh Galt

À Dublin, Nicolas possède-t-il à peine le vélo de ses rêves qu'on le lui vole. En partant sur les traces des voleurs, il tombe sur une bande de kidnappeurs très dangereux. Suspense, mouvement et humour sont au rendez-vous qui nous mènent au dénouement d'une traite.

381 **Aliocha (Senior)**
par Henri Troyat

1924. Élève de troisième dans un lycée de Neuilly, Aliocha n'est pas un enfant comme les autres. Fils d'émigrés russes, fuyant la Révolution, il est élevé dans le souvenir de sa patrie natale. Aliocha rêve d'être français, l'amitié qui le lie à Thierry est le premier pas vers l'intégration...

382 **Le bateau maudit**
par Gérard Guillet

Près de Madagascar, l'île de Nosy Be va-t-elle devenir la poubelle du monde ? Violant les lois un armateur y fait enterrer des fûts suspects en pleine nuit, achetant à prix d'or le silence des habitants. Mais les enfants de Nosy Be se révoltent, ils ne veulent pas de cet avenir-là !

383 **De toute façon...**
par Christine Nöstlinger

Karli, Ani et Speedi sont les trois enfants d'un couple qui va divorcer. Chacun d'eux raconte avec verve et humour sa vision de la vie quotidienne d'une famille qui se déchire. La séparation des parents va créer une solidarité à toute épreuve pour les enfants...

384 **Deux espions à Fécamp**
par Bertrand Solet

Été 1906, c'est la saison des bains de mer pour les riches vacanciers, mais Jean-Marie travaille dur dans les cuisines d'un hôtel. Son père, un terre-neuva, a été blessé lors d'une campagne de pêche, le garçon veut savoir par qui. Dans la ville se cachent deux espions russes traqués par les policiers. Jean-Marie, l'espace d'un été, joue au détective.

385 Une autre vie (Senior)
par Anne-Marie Chapouton

Marie Magnan est jeune fille au pair à New York en 1953 lorsqu'elle perd son fiancé à la guerre d'Indochine. Elle décide alors de changer de vie, de travail. Elle fera l'apprentissage de la liberté, la découverte de l'art dans les musées new-yorkais.

386 Mon père le poisson rouge
par Liliane Korb et Laurence Lefèvre

Léo a un père peintre naïf, une mère institutrice ; ses parents sont séparés. Un jour, ayant appris par hasard une formule magique trouvée dans un vieux livre, il transforme son père en poisson rouge ! Il faut vite trouver la formule qui rendra sa forme à son père...

387 Dix-neuf fables de singes
par Jean Muzi

Dix-neuf fables et contes empruntés à la littérature populaire d'Europe, d'Asie et du Moyen-Orient dans lesquels le singe est le héros. Il n'est pas seulement le bouffon que nous connaissons mais symbolise également chez certains la sagesse, le détachement et le bonheur.

388 Le trésor de Mazan
par Anne-Marie Desplat-Duc

En juin 1562, dans le Vivarais, Estienne découvre la dure vie d'ouvrier agricole. Un soir, il surprend une conversation, l'abbaye de Mazan va être attaquée ! Comment faire pour sauver les moines ? Estienne arrivera juste à temps pour recueillir les dernières paroles du père supérieur qui lui confie le secret du trésor de Mazan. Que décidera Estienne, porteur d'un si lourd secret ?

389 **Le révolté de Savines**
par Alain Surget

En 1960, le barrage de Serre-Ponçon fait disparaître Savines sous les flots. Anselme ne peut se résoudre à quitter les lieux qui l'ont vu naître. Alors il prend le maquis. Dans la montagne, il trouve Sarithe, elle aussi fuit, elle ne veut pas devenir écuyère dans le cirque familial. Anselme deviendra le protecteur de la fillette. Mais, en bas dans la vallée, tout le monde pense que Sarithe a été kidnappée.

390 **Samuel Tillerman (Senior)**
par Cynthia Voigt

Samuel Tillerman aime la solitude du coureur de fond. Champion de cross-country, il la recherche. Enfant d'une famille déchirée dans un pays déchiré (les États-Unis sont en pleine guerre du Viêt-nam) Cougar fuit tout attachement. Courir est pour lui un absolu de liberté. Pourtant, ce garçon pur et dur va devoir réviser ses certitudes.

391 **Super cousine**
par Roger Collinson

Céder sa chambre à une cousine de un an plus vieille que vous, c'est la barbe ! Surtout si celle-ci rallie tous les suffrages. Ce n'est plus tolérable, aussi Figgy concocte-t-il une bonne vengeance...

392 **Grandes vacances 14/18**
par Jeanne Lebrun

Jeanne Lebrun a onze ans en 1914, lorsqu'éclate la Première Guerre mondiale. Après la destruction de leur maison, Jeanne, son frère et sa mère se réfugient dans un village épargné... Bientôt, le village est occupé par l'armée ennemie, la vie s'organise à l'heure allemande. Chacun est réquisitionné et doit participer aux travaux des champs. Pour les enfants cela ressemble à de longues vacances.

393 **Magellan, l'audacieux**
par Isodoro Castaño Ballesteros

Les marins qui partirent au XVIe à la recherche de la route des épices ont affronté de terribles tempêtes, abordé des rivages inconnus, rencontré des indigènes hostiles ou très accueillants. Le périple entraîne le lecteur du port de Séville aux îles de la Sonde, en passant par le Brésil, la Patagonie, avec, enfin, la découverte des îles Moluques.

394 **Poil de Carotte (Senior)**
par Jules Renard

Poil de Carotte, c'est le surnom que lui a donné sa mère. Pour elle, il a tous les défauts. Toutes les brimades sont pour lui, il les subit avec bonne humeur, même si, tout au fond de lui, la blessure est vive. Pourtant, la vie n'est pas si noire pour Poil de Carotte, il partage des parties de pêche et de chasse avec son père et son parrain, il se fiance avec Mathilde...

395 **Un chat venu de l'espace**
par Dyan Sheldon

Sara Jane rencontre un chat dans la rue, un chat qui parle ! Il dit venir d'une autre planète, il a perdu son vaisseau spatial et exige de s'installer chez Sara Jane ! Mais c'est impossible, sa mère est allergique aux chats, son frère a deux canaris. Impossible ? Rien n'est impossible pour un chat extraterrestre...

396 **Le sang des étoiles (Senior)**
par Anne-Marie Pol

Léonor, seize ans, s'est juré de devenir danseuse étoile. Un accident survenu à une ballerine lui donne l'occasion d'entrer dans une célèbre compagnie. Commence alors pour la jeune fille un combat acharné : longues heures de travail pour dominer son corps, luttes amères pour affirmer sa place dans la troupe...

397 **Message extraterrestre**

par Philip Curtis

Des écoliers anglais écrivent à des écoliers français. Seul Chris ne trouve pas de correspondant. Très déçu, il s'en va traîner dans son parc favori, lorsqu'une mini-tornade dépose à ses pieds un message codé. Qu'importe ! Le garçon répond, et se retrouve doté d'un correspondant extraterrestre. De fil en aiguille, Chris et deux de ses amis se font embarquer dans un vaisseau spatial...

398 **Les épaules du diable (Senior)**

par Pierre Pelot

Dans l'Ouest américain, en 1886, les grandes compagnies d'éleveurs de bétail règnent en maîtres. Caine, le fermier, veut protéger son domaine derrière des clôtures. C'est la guerre... et la ruine. Caine va renouer avec le passé, ses seules chances sont de gagner un rodéo. Caine remonte sur les épaules du diable...

399 **Quatre de trop**

par Marie-Sophie Vermot

Blaise, douze ans, vit avec sa mère, dans un appartement dijonnais. Un beau matin, elle lui annonce son prochain remariage. Oui mais voilà : le futur mari, Aldo, est veuf, et s'installera à la maison avec ses quatre enfants. Blaise est horrifié, va-t-il se laisser envahir par une bande de gosses ?

400 **Jean de Bise (Senior)**

par Anne Pierjean

Le curé Gaudier règne sur sa paroisse en cet été 1770. Mathilda Delauze dite la Thilda est espiègle et s'amuse à composer des chansons impertinentes. Cette fois, elle a pris pour cible Jean de Bise, bûcheron de son état. Oui, mais la Thilda a seize ans et ses gamineries, aux yeux de Jean de Bise, sont des provocations.

401 **Les enfants baladins (Senior)**
par Lida Durdikova

Ce livre est le témoignage gai et vivant de la naissance de la troupe d'enfants handicapés, pensionnaires de l'Institut Bakulé, qui en sillonnant les routes de Tchécoslovaquie avec leur spectacle de marionnettes ont permis aux enfants de l'Institut de survivre en attendant des jours meilleurs.

402 **Clandestin à l'hôtel (Senior)**
par Dean Hughes

David, orphelin, en a assez d'être trimballé de foyer en famille d'accueil. Un jour, il part, seul, et se réfugie dans un hôtel, où Paul, le portier de nuit, le cache dans une chambre. Le personnel de nuit l'adopte peu à peu, chacun retrouvant ainsi l'illusion d'une famille unie. Mais cela ne peut durer bien longtemps, David, client clandestin, devra trouver une solution durable.

403 **Le prince Caspian**
par C. S. Lewis

Si pour Pierre, Suzanne, Edmond et Lucie une année s'est écoulée depuis leur dernier séjour à Narnia. Dans leur royaume, des siècles ont passé apportant le désordre et la violence. Ils vont s'employer à restaurer la paix, grâce au lion Aslan, et à rendre au prince Caspian le trône injustement usurpé par son oncle.

404 **Un amour de cheval**
par Nancy Springer

Erin, douze ans, n'aime que les chevaux. Elle fait la connaissance de tante Lexie, qui possède un haras, celle-ci se prend d'affection pour Erin et lui apprend même à monter. La jeune fille n'a plus qu'un rêve : avoir un cheval bien à elle. Ses parents lui offrent une jument blanche.

405 **J'ai tant de choses à te dire (Senior)**
par John Marsden

Lorsque Marina arrive à l'internat, elle n'a plus prononcé un mot depuis des mois, depuis qu'un drame a bouleversé sa vie. À l'hôpital, personne ne peut plus rien pour elle, sa mère a donc décidé de l'inscrire dans un collège. En compagnie de filles de son âge, Marina reparlera, c'est ce qu'espèrent les médecins.

406 **La promesse sacrée**
par Concha Lopez Narvaez

Juan a quinze ans en 1492, il vit à Vitoria en Espagne. Un soir, son père lui avoue qu'il n'est pas catholique mais juif. Juan est effondré, pourquoi ses parents lui ont-ils menti, et comment peuvent-ils vivre dans ce que Juan considère comme un mensonge, car toute la famille vit officiellement au rythme des sacrements catholiques ?

407 **Le feu aux poudres (Senior)**
par Jacqueline Cervon

Sur la toile de fond de deux pays soudain sur le pied de guerre, Stavros le Grec, seul en face de Turhan le Turc et d'une équipe de pêcheurs d'éponges, devra subir, la haine que le vent de l'actualité attise. Stavros et Turhan, qui se ressemblent tant, ne sont-ils pas des cousins que l'histoire de leur pays a séparés ?

408 **Premier de cordée (Senior)**
par Frison-Roche

Pierre Servettaz se destinait à l'hôtellerie. Mais son père, célèbre guide de haute montagne, meurt foudroyé lors d'une course. L'appel de la montagne est le plus fort. En allant récupérer le corps de son père, Pierre découvre sa vocation, il sera premier de cordée. C'est lui qui évaluera les difficultés du parcours, qui prendra le plus de risques.

409 **Aura dans l'arène**
par Pilar Molina Llorente

Aura est romaine, son père est un riche joaillier. Elle vit dans un palais auprès d'une grand-mère autoritaire, entourée d'esclaves. Cette existence bien réglée va basculer le jour où elle suit un jeune garçon dans la rue. Il la mènera dans un quartier inconnu, auprès des premiers chrétiens.

410 **La grande crevasse (Senior)**
par Frison-Roche

Zian, guide émérite de haute montagne, fait partager à Brigitte, jeune et jolie Parisienne en vacances, son amour de l'alpinisme. Ils se marient, mais être femme de guide est bien différent de ce qu'imaginait Brigitte. La montagne qui les avait réunis les séparera bientôt, à jamais.

411 **Une devinette pour Gom (Senior)**
par Grace Chetwin

Gom a hérité des pouvoirs de sa mère magicienne. À la mort de son père, il décide de partir retrouver cette mère mystérieusement disparue. En chemin, un moineau lui pose une devinette dont la solution lui dira où aller. Gom affrontera des ennemis farouches mais rencontrera aussi des amis bienveillants.

412 **Le requin fantôme**
par Colin Thiele

Joe, quatorze ans, n'a jamais entendu parler de l'île Wayward avant de venir vivre à Cokle ni du Balafré non plus. L'île Wayward est un lieu fascinant, perdu en pleine mer aux collines battues par les vents. Le Balafré est un énorme requin, dangereux, et qui rôde, tel un fantôme, dans la baie.

413 **Retour à la montagne (Senior)**
par Frison-Roche

Tous les amis de Zian sont persuadés que Brigitte est responsable de sa mort. Aussi, lorsqu'elle décide de vivre au village, d'y élever son fils, leur hostilité est vive. Pour se faire pleinement accepter, Brigitte réalisera un exploit, prouvant ainsi qu'elle est digne du nom qu'elle porte. Ce roman est la suite de *La grande crevasse.*

414 **Les manguiers d'Antigone (Senior)**
par Béatrice Tanaka

Dana, par l'intermédiaire d'un cahier, raconte sa vie à Sandra, sa fille, dont elle a été séparée. Cinquante années de notre siècle défilent ainsi, ses aventures tant politiques que culturelles. La difficulté pour une femme à cette époque de concilier ses choix de vie et la pression sociale...

415 **La longue marche de Cooky**
par Mary Small

Cooky, dont les maîtres viennent de déménager, s'enfuit de la voiture, et rentre directement à la maison. Oui mais la maison qu'il connaît est très très loin maintenant ! Des mois durant, Cooky traversera une région désolée d'Australie, peuplée de dingos agressifs et sauvages, mais aussi, heureusement pour lui, d'amis qui l'aideront... De son côté, Sam, son maître, ne désespère jamais de revoir son chien.

416 **Trois chiens pour courir**
par Elizabeth Van Steenwyk

Scott partageait avec son père la passion des courses de chiens de traîneau. À la mort de son père, et après le remariage de sa mère, Scott consacrera toute son énergie à reconstituer un attelage de champions...

417 **Tout pour une guitare (Senior)**
par Gary Soto

Alfonso veut impressionner Sandra par ses talents sportifs ; Fausto ne vit que pour la guitare, mais ne peut s'en offrir... Yollie aimerait si fort une belle robe... Les héros de ces dix nouvelles sont les adolescents d'origine mexicaine, les chicanos, pour la plupart sans le sou, mais dignes et âpres à la besogne.

418 **Le dernier sultan de Grenade (Senior)**
par Vicente Escriva

Pendant sept cents ans, l'Espagne islamique rivalise avec la Grèce, l'Egypte et Rome dans tous les domaines. Mais la splendeur du royaume de Grenade est fauchée par les armées d'Isabel la Catholique, en 1492. Boabdil est le dernier sultan de Grenade. Il voulait faire de son royaume un oasis de paix et de beauté. L'histoire en a décidé autrement.

419 **L'élixir de tante Ermolina**
par Liliane Korb et Laurence Lefèvre

Jordi vit avec son grand-père, redoutable professeur en retraite. La cohabitation est difficile. Jules-Norbert, pour soigner une douleur tenace, absorbe imprudemment le contenu d'une vieille bouteille. Le résultat dépasse toutes ses espérances, le voilà avec le corps d'un enfant de dix ans ! Jordi tient une bonne vengeance, mais Jules-Norbert ne trouve pas ça drôle du tout...

420 **Glace à la frite**
par Evelyne Stein-Fisher

À dix ans, Doris est ronde, beaucoup trop ronde. Oui mais elle adore les nounours en gomme et les frites ! Dès qu'un souci surgit, elle se rue sur ses stocks secrets de bonbons préférés... et, résultat, ne rentre plus dans son maillot de bain rose... or elle doit aller à la piscine avec l'école...

421 **Le mouton noir et le loup blanc**
par Bernard Clavel

Trois histoires amusantes mettant en scène des animaux qui ont des préoccupations bien humaines. *Au cochon qui danse,* où un cochon veut être célèbre. *L'oie qui avait perdu le Nord,* Sidonie tente d'entraîner les oiseaux dans son sillage. *Le mouton noir et le loup blanc,* l'amitié d'un loup et d'un mouton, ligués contre les hommes.

422 **La neige en deuil (Senior)**
par Henri Troyat

Isaïe Vaudagne et son frère Marcellin vivent au hameau des Vieux-Garçons. À la suite d'un accident de montagne, Isaïe a dû abandonner le métier de guide. Marcellin ne supporte plus leur vie misérable. Un avion s'écrase sur un sommet proche, Marcellin veut piller l'épave, mais pour cela il a besoin de son frère...

423 **La route de l'or**
par Scott O'Dell

Le capitaine Mendoza est animé par la fièvre de l'or ; le père Francisco veut sauver des âmes ; seule la géographie passionne Esteban... Une grande expédition réunit ces hommes que tout sépare. L'or déclenche bien des passions, même chez le plus pacifique des hommes.

424 **Cher Moi-Même**
par Galila Ron-Feder

Yoav, enfant d'un milieu défavorisé est placé dans une famille d'accueil à Haïfa. Il doit rédiger son journal et se prend vite au jeu. Récits cocasses et serments de vengeance, petits triomphes et gros chagrins, le journal reçoit tout en vrac. Un jour, Yoav a une bien meilleure idée de confident.

425 **Sur la piste du léopard**
par Cecil Bødker

Une nouvelle fois le léopard emporte un veau de Tibeso, le gardien du troupeau. Il part alors au village voisin chez le grand sorcier chercher conseil. Mais le léopard n'est pas le seul responsable des vols, Tibeso le sait, et les brigands savent aussi qu'ils ont été découverts par un enfant. C'est le début d'une course poursuite haletante...

426 **Un véritable courage**
par Irene Morck

Depuis toute petite, Kéri lutte contre la peur. Peur des vaches, peur des autres enfants, et surtout peur de galoper sur la jument que ses parents viennent de lui offrir. Une excursion à la montagne avec sa classe lui donnera l'occasion de prouver à tous que, confrontée à l'épreuve, elle ne se dérobe pas...

427 **Prisonniers des Vikings**
par Torill T. Hauger

Lors d'un raid viking en Irlande, Patric et Sunniva sont capturés et emmenés en Norvège comme esclaves. La société viking obéit à des lois biens étranges et biens rudes pour deux enfants catholiques. Bientôt, ils profitent d'une attaque pour fuir vers l'Islande, reverront-ils un jour leur terre natale ?

428 **Au nom du roi**
par Rosemary Sutcliff

Damaris a grandi au pays de la contrebande, elle en connaît tous les signes. Cette nuit-là, un homme blessé fait partie du chargement, il fuit la gendarmerie. Qui est-il ? Damaris a-t-elle raison de lui porter secours en secret ?

429 **Étrangère en Chine (Senior)**
par Allan Baillie

Peu après la mort de son père, Leah, adolescente australienne, effectue sa première visite en Chine avec sa mère dont c'est le pays d'origine. Leur voyage est un retour aux sources, mais Leah supporte mal le choc culturel, rien de la Chine ne lui plaît. Sa rencontre avec Ke, qui participe activement à la révolte étudiante de la place Tienanmen, pourrait tout changer...

430 **Le Mugigruff la bête du Mont Grommelon**
par Natalie Babbitt

Par temps de pluie, des pleurs lancinants s'élèvent du Mont Grommelon. Depuis plus de mille ans, une bête abominable vit là-haut dans la brume à donner des frissons aux habitants du bourg niché au pied du mont. Un garçon de onze ans, en visite chez son oncle, décide d'aller là-haut voir de quoi il retourne...

431 **Entorse à la patinoire (Senior)**
par Nicholas Walker

Benjamin et Belinda sont partenaires en danse sur glace. Ils ont des dons certains, et le savent. Mais les dons sont loin de suffire et, à trois semaines d'un championnat, rien ne va plus. Chutes, difficultés, déconvenues, blessures, tout se ligue pour fissurer une entente toujours précaire. Entre les adolescents, la tension monte, inexorable...

432 **La vie aventureuse de Laura Ingalls Wilder**
par William Anderson

Laura Ingalls Wilder a charmé des générations de lecteurs avec sa chronique de *La petite maison dans la prairie*. Dans cette biographie détaillée, ses admirateurs vont enfin trouver les réponses à toutes leurs questions. Des photos de l'époque, le plus souvent extraites de l'album de famille, accompagnent ce récit.

433 **Pour dix dollars (Senior)**
par Mel Ellis

Ham a volé dix dollars pour s'acheter un vélo. Sitôt acheté, le vélo a été volé..., et toute l'horreur de son forfait apparaît au garçon. Impossible d'avouer sa faute. Une seule solution : rendre les dix dollars. Mais chaque tentative pour gagner cet argent se solde par une catastrophe. Ham se souviendra longtemps de cet été-là...

434 **Le livre de la jungle**
par Rudyard Kipling

Mowgli, l'enfant loup, Baloo, l'ours débonnaire, Bagheera, la panthère noire, peuplent la jungle de Kipling. Mais dans *Le livre de la jungle,*nous découvrons aussi Kotick, le phoque blanc, qui veut soustraire ses frères au massacre de l'homme ; Rikki-tikki-tavi, la mangouste qui tue les cobras pour sauver son maître...

435 **Deux filles pour un cheval**
par Nancy Springer

Jenny partage une passion pour les chevaux avec sa nouvelle voisine Shan. Tout semble simple ! C'est compter sans l'hostilité de la classe entière coalisée contre Shan, seule Noire de l'école. Même le paysan voisin qui permettait à Jenny de monter son cheval interdit formellement la venue de Shan sur le pâturage. Les deux amies devront faire face...

436 **Le Roi du Carnaval**
par Bertrand Solet

Le carnaval est une fête folle, c'est le jour où tout peut se dire, presque tout se faire. Protégés par des masques, les jeunes fustigent les méchants, déclarent leur amour aux belles, rêvent de ripailles, inventent l'avenir. Le Roi du Canarval est élu parmi les plus pauvres. Il régnera, le temps d'une nuit étrange...

437 **Les visiteurs du futur (Senior)**
par John Rowe Townsend

À Cambridge, en été, les touristes sont légion, mais la famille que rencontrent John et son ami Allan est vraiment bizarre. Les parents se disent professeurs d'université. Ils avouent ne jamais être venus à Cambridge et semblent pourtant connaître la ville, la circulation automobile les fascine, de même que les bars que le père paraît découvrir avec ravissement. Qui sont donc David, Katherine et Margaret ? D'où viennent-ils ?

438 **Les aventures de La Ficelle**
par Michel Grimaud

Au village, tout le monde connaît le vieux La Ficelle, on aime ses histoires car il en a vu du pays ! Il en a vécu des aventures quand il était chercheur d'or en Guyane, ou seringueiro dans la forêt amazonienne. Il s'est même retrouvé chef d'une tribu d'Indiens... De retour en France, il aime à se souvenir...

439 **La Petite Fadette (Senior)**
par George Sand

Landry et Sylvain sont jumeaux, bessons, comme on dit dans le Berry. Ils sont inséparables quoique très différents. La petite Fadette est une voisine, bien mal considérée, mais n'est-ce pas injustement ? Lequel des deux bessons se fera-t-il aimer d'elle ?

440 **Le monde des Pieuvres géantes**
par France Vachey

Lucile a un grand frère, Grégoire, passionné de jeux vidéo qui passe des heures entières devant sa console. Un jour, Lucile se rend compte que Grégoire est complètement fasciné par son écran, hypnotisé, son regard devient fixe, ses yeux se ternissent... Il faut sauver Grégoire, le délivrer de l'emprise du monde des Pieuvres géantes !

441 **L'ombre du Vétéran (Senior)**
par Jean Failler

1806, à Concarneau les rumeurs de la guerre contre les Anglais se font plus insistantes. Le Vétéran, vaisseau amiral français, est coincé dans le port. Trois longues années passeront ainsi, et, dans la ville close, aux sept cents habitants se mêleront huit cents marins désœuvrés.

442 **Julia, apprentie comédienne (Senior)**
par Jutta Treiber

À seize ans, Julia rêve d'entrer dans une école d'art dramatique très réputée et de devenir actrice. Le concours d'entrée est très sélectif aussi Julia suit-elle des cours de manière intensive, négligeant complètement son travail scolaire. Le jour de l'audition arrive, pour réussir Julia devra être brillante dans toutes les épreuves...

443 **Notre-Dame de Buze**
par Lucette Graas

Dans la presqu'île d'Arvert, la communauté protestante est en proie aux dragonnades. Le bon roi Louis XIV va révoquer l'édit de Nantes. Pour l'heure, Adeline, son frère Jehan et tout le village se réfugient dans des grottes pour échapper aux soldats. Par hasard, elle tombe dans une chapelle enfouie dans la dune qui est très recherchée par les historiens catholiques...

444 **Pandora, cochon de compagnie**
par Joan Carris

Pandora, adorable truie pygmée, entre dans la famille Dean un beau matin d'été. Adorable ? Certes, intelligente aussi, Pandora adore se promener en voiture, fouiller dans les placards, boire du cocktail et prendre un bon bain dans la baignoire ! De quoi changer, les préjugés qui courent sur la gente porcine...

Cet
ouvrage,
le trois cent
cinquante-troisième
de la collection
CASTOR POCHE,
a été achevé d'imprimer
sur les presses de l'imprimerie
Maury Eurolivres SA
45300 Manchecourt
en juin
1994

Dépôt légal : février 1992.
N° d'Édition : 17766. Imprimé en France.
ISBN : 2-08-162205-X
ISSN : 1147-3533
Loi n° 49-956 du 16 juillet 1949
sur les publications destinées à la jeunesse